Maurice Krings

Wie die Digitalisierung das Lean Management verändert

Bibliografische Information der Deutschen Nationalbibliothek:

Die Deutsche Nationalbibliothek verzeichnet diese Publikation in der Deutschen Nationalbibliografie; detaillierte bibliografische Daten sind im Internet über http://dnb.d-nb.de abrufbar.

Impressum:

Copyright © EconoBooks 2020

Ein Imprint der GRIN Publishing GmbH, München

Druck und Bindung: Books on Demand GmbH, Norderstedt, Germany

Covergestaltung: GRIN Publishing GmbH

Inhaltsverzeichnis

Abbildungsverzeichnis

Abkürzungsverzeichnis

BMWi	- Bundesministerium für Wirtschaft und Energie
Bspw.	- Beispielsweise
EDI	- electronic data interchange
FIFO	- First In - First Out
Ggf.	- Gegebenenfalls
GPS	- Global Positioning System
HMD	- head-mounted Display
IaaS	- Infrastructure as a Service
IMVP	- International Motor Vehicle Program
JiT	- Just-in-time
OPF	- One Piece Flow
o.S.	- ohne Seite
Paas	- Plattform as a Service
SMED	- Single Minute Exchange of Die
SaaS	- Software as a Service
TPS	- Toyota-Produktionssystem
z.B.	- zum Beispiel
z. Dt.	- zu Deutsch

1 Einleitung

Zur besseren Lesbarkeit wird in der vorliegenden Bachelorarbeit durchgehend das generische Maskulinum genutzt (z.B. Arbeiter). Dies gibt keinerlei Auskunft über das Geschlecht und stellt keine implizierte Geschlechterdiskriminierung des weiblichen Geschlechts dar. Frauen und Männer sollen sich gleichermaßen angesprochen fühlen.

Das Ziel der Einleitung besteht darin, dem Leser einen nachvollziehbaren Einstieg zu dieser Bachelorarbeit zu geben.

1.1 Problemstellung

In den vergangenen Jahren haben Unternehmen „ihre Produktion nach den Prinzipien der schlanken Produktion gestaltet, Flexibilität erhöht und damit große Erfolge bei Produktivität und Lieferbereitschaft erzielt."[1] Allerdings stehen die Unternehmen vor einem erneuten Umbruch.[2] Die Digitalisierung nimmt weiter zu, denn derzeit sind noch ungefähr 8 Milliarden elektronische Geräte mit dem Internet verbunden. Im Jahr 2020 sollen es 50 Milliarden elektronische Geräte sein, die mit dem Internet verbunden sind.[3] Außerdem verstärkt die Digitalisierung die Herausforderungen von sinkenden Produktlebens- & Innovationszyklen sowie die steigenden individuellen Kundenanforderungen. Es werden neue Geschäftsmodelle entstehen. Maschinen werden nicht nur einen Teil der Arbeit des Menschen übernehmen, sondern sie werden sich auch eigenständig organisieren, miteinander kommunizieren sowie die Prozesse optimieren.[4] Daher sehen sich auch Konzepte wie das Lean Management mit neuen Herausforderungen und Chancen konfrontiert. Digitalisierung ist für die Unternehmen somit momentan eine bedeutsame Herausforderung. Wie wichtig dieses Thema ist, zeigt eine Umfrage von Bitkom aus dem Jahr 2018. Laut dieser Umfrage verfolgen nur 2% der 397 Befragten keine Strategie für ihr Unternehmen[5] in Bezug auf Industrie 4.0. Dagegen verfolgen 55% eine Strategie für das Gesamtunternehmen und 42% für einzelne Bereiche des Unternehmens.[6] Ein Budget für Industrie 4.0 haben 94% der Befragten für ihr

---

[1]   Spath (2013), S. 2.

[2]   Vgl. dsb., S. 2.

[3]   Vgl. Roth (2016), S. V.

[4]   Vgl. Wiegand (2018), S. 2.

[5]   Deutsche Industrieunternehmen ab 100 Mitarbeitern.

[6]   Vgl. Berg (2018), S. 4.

Unternehmen mit eingeplant.[7] Dies lässt sich auch daran erkennen, dass die Investitionen im Bereich Industrie 4.0 in Deutschland jedes Jahr zunehmen. Eine Studie von strategy& und pwc besagt, dass die Investitionen in solche Lösungen bis 2020 jährlich 40 Milliarden Euro betragen.[8]

1.2 Forschungsfrage und Aufbau

Die vorliegende Bachelorarbeit basiert auf einer theoretischen Literaturanalyse, in der die Veränderungen und Zusammenhänge zwischen Digitalisierung und Lean Management dargestellt und anschließend beurteilt werden. Im Rahmen dieser Bachelorarbeit soll demnach die Frage beantwortet werden, welche Auswirkungen die zunehmende Digitalisierung auf das Lean Management hat und wie sich das Lean Management dadurch verändern wird.

Um diese Frage zu beantworten, erfolgt in Kapitel 2 zunächst eine Betrachtung des Lean Managements. Dabei wird auf die Rahmenbedingungen eingegangen, die in dieser Arbeit die Produktionssysteme der Ford Motor Company und der Toyota Motor Corporation darstellen. Außerdem werden die 5 Lean-Prinzipien sowie die Methoden und Werkzeuge des Lean Managements erläutert. Das 3. Kapitel befasst sich anschließend mit der Digitalisierung. Zunächst wird der Digitalisierungsbegriff definiert und erläutert. Anschließend gibt es einen Überblick über die Entwicklung der Digitalisierung sowie über die verschiedenen Digitalisierungstechnologien. Am Ende des 3. Kapitels werden die mit der Digitalisierung einhergehenden Potenziale und Herausforderungen gegenübergestellt. Kapitel 4 stellt den Fokus der Arbeit dar. Nämlich die Analyse des Veränderungsprozesses von Lean Management im Zuge der Digitalisierung. Dabei wird auf die verschiedenen Lean-Methoden und Lean-Prinzipien eingegangen und erläutert, wie sich diese durch die Digitalisierung verändern bzw. unterstützt werden. Anschließend wird eine Bewertung über den Grad der Veränderung vorgenommen. Das anschließende Kapitel 5 stellt die Ergebnisse in Form einer Tabelle dar. Das letzte Kapitel stellt das Fazit der vorliegenden Bachelorarbeit dar.

---

[7] Vgl. Berg (2018), S. 4.

[8] Vgl. Strategy& und PwC (2014), S. 3.

2 Lean Management

Im folgenden Kapitel wird ein geschichtlicher Überblick zu der Entstehung des Lean Managements und eine entsprechende Definition gegeben. Anschließend folgt die Erläuterung der Lean-Prinzipien und den Techniken des Lean Managements.

2.1 Rahmenbedingungen

Die Anfänge des Lean Managements gehen unter anderem auf Henry Ford und die Familie Toyoda sowie Taiichi Ohno zurück, welcher der Vater des Toyota-Produktionssystem ist. Um die Philosophie von Lean zu verstehen ist es erforderlich, dass ein Grundverständnis bezüglich der Rahmenbedingungen von Lean Management[9] und der Entstehung des Produktionssystems besteht, welches die Grundlage für Lean darstellt.[10]

2.1.1 Ford Motor Company

Der Ursprung des heutigen Lean Managements ist bei der Gründung der Ford Motor Company im Jahre 1903 zum ersten Mal zu beobachten. Der Unterschied zwischen der Ford Motor Company und den restlichen Autoherstellern war, dass Henry Ford das Fließband zur Massenproduktion nutzte, so wie es in Textilunternehmen oder auch bei Dosenherstellern angewandt wurde.[11] Die Idee des Fließbands kam ihm allerdings bei seinem Besuch in einem Schlachthof, in dem die Schweine an Haken befestigt und an Schienen gezogen wurden.[12] Neben dem Fließband führte er auch das Flussprinzip ein. Die Fabrik hat alle für die Autoherstellung notwendigen Teile sowie Stahl, Kohle, Glas und Reifen selbst produziert. Die Prozessschritte wurden demnach so ausgerichtet, dass die Herstellung in einem Fluss entstehen konnte.[13] Die Produktion funktionierte nach einem sogenannten Push-Prinzip. Bei einem Push-System werden Produkte für das Lager und unabhängig von der Kundennachfrage gefertigt.[14] Dies funktionierte aus dem Grund, weil das Volumen für die Produktion groß genug war, aus homogenen Teilen bestand und

---

[9]   Vgl. Gorecki/Pautsch (2018), S. 10.

[10] Vgl. Bertagnolli (2018), S. 200.

[11] Vgl. dsb., S. 200.

[12] Vgl. Gorecki/Pautsch (2018), S. 10.

[13] Vgl. Bertagnolli (2018), S. 200f.

[14] Vgl. Zsifkovits (2013), S. 64.

über mehrere Jahre produziert werden konnte.[15] Eine wichtige Grundlage für die darauffolgenden Erfolge in der Produktion war das Ford Modell T. Das Ford Modell T war das erste Auto, welches in Massenproduktion gefertigt wurde.[16] Mit diesem Modell erreichte Ford zwei Ziele: Zum einen war das Auto für die Fertigung konstruiert, zum anderen war es benutzerfreundlich. Es war möglich, dass fast jeder das Auto fahren und reparieren konnte, ohne dass dabei ein Chauffeur oder Mechaniker nötig gewesen wäre. Die Austauschbarkeit sowie das simple Zusammenbauen der Bauteile waren die Grundlage dafür, dass das Fließband überhaupt möglich war. Zusammengefasst gelang es Ford, sich durch Austauschbarkeit, Einfachheit und die leichte Montage einen Wettbewerbsvorteil gegenüber den Konkurrenten in der Automobilindustrie zu verschaffen.[17]

2.1.2 Toyota-Produktionssystem

Die Geschichte des Toyota-Produktionssystems (TPS) beginnt nach dem 15. August 1945, als Japan den zweiten Weltkrieg verlor und Toyota vor einem Neubeginn stand.[18] Das Land wurde durch zwei Atombomben zerstört und die Industrie war zum Großteil ebenfalls beschädigt.[19] Daraus ergab sich im Land ein großer Bedarf an Lastwagen zum Wiederaufbau Japans, welcher Toyota die Wiederaufnahme der Automobilproduktion ermöglichte. Die USA, als Siegermacht, unterstützte Japan und trug somit dazu bei, dass sich die japanische Wirtschaft erholen konnte und ein Anstieg der Produktionsaufträge zu verzeichnen war.[20] Dennoch sah sich Toyota mit Problemen konfrontiert: Der Inlandsmarkt war nicht groß und verlangte eine Auswahl an verschiedenen Fahrzeugvarianten. Es herrschte eine Nachfrage nach Luxuswagen für Beamte aus der Regierung, Lastkraftwagen für den Gütertransport, kleinen Lastkraftwagen für japanische Bauern sowie kleinen Personenkraftwagen für die überfüllten Städte in Japan. Ein weiteres Problem war, dass es außerhalb von Japan große Automobilhersteller gab, die in Japan einen Betrieb eröffnen und ihre Märkte gegen Exporte aus Japan schützen wollten.[21] Hinzu kam,

---

[15] Vgl. Bertagnolli (2018), S. 201.

[16] Vgl. Dombrowski/Mielke (2015), S. 20.

[17] Vgl. Womack/Jones/Roos (1994), S. 30f.

[18] Vgl. Ōno u.a. (2013), S. 36.

[19] Vgl. Liker (2014), S. 48.

[20] Vgl. dsb., S. 45.

[21] Vgl. Womack/Jones/Roos (1994), S. 54f.

dass es nur wenige Fertigungsmittel gab und ein geringes Kapitel zur Verfügung stand. Demnach war es wichtig, dass die Fahrzeuge effizient hergestellt wurden.[22]

Als sich Eiji Toyoda - der spätere Präsident von Toyota Motor Manufacturing - und seine Manager im Jahr 1950 auf eine Studienreise in die USA zu US-Fertigungsstätten begaben, um die Massenproduktion anzusehen und zu verstehen, erkannten sie, dass das System Schwächen aufwies. Eiji Toyoda und seine Manager beobachteten, dass große Umlaufbestände produziert wurden und es somit immer wieder zu Wartezeiten kam, um das Material weiterzuverarbeiten. Dadurch mussten große Mengen zwischengelagert werden. Unter anderem waren Arbeitsbereiche unkontrolliert und desorganisiert, was insgesamt zur Folge hatte, dass Mängel und Fehler in den Zwischenproduktionen unentdeckt blieben. Sie sahen darin eine Schwäche in Fords Massenproduktion. Toyota hatte weder die Kapazitäten und Flächen noch das Geld für eine derartige (Ressourcen-) Verschwendung, weshalb die Massenproduktion in Japan nicht funktioniert hätte. Eiji Toyoda beauftragte daraufhin Taiichi Ohno, die Produktivität so zu erhöhen, dass sie es mit Fords Produktivität aufnehmen könnte.[23] Taiichi Ohno war es gelungen, das Just-in-Time (JiT) Konzept mit dem Jidoka-Prinzip (autonome Automation) zu verbinden, welches gleichzeitig die beiden Säulen des TPS sind. Das Kanban-System[24] ist hierbei für die Umsetzung des TPS verantwortlich. Die Inspiration für das Kanban-System, ein sogenanntes Pull-System, erhielt Taiichi Ohno während eines USA-Besuches in den amerikanischen Supermärkten.[25] Das System war zur damaligen Zeit nicht bekannt und beinhaltet die Methode, dass die Waren im Verkaufsraum sind, keine Lager benötigt werden und eine bedarfsorientierte Bestellung existiert.[26] Ohne das Kanban-System würde das JiT-Prinzip nicht existieren.[27] Aus diesen Erfahrungen heraus entwickelte Taiichi Ohno zusammen mit seinem Team das TPS „aus einer Notwendigkeit heraus"[28]. Das Ziel hierbei ist, jegliche Verschwendung zu beseitigen, um die Wirtschaftlichkeit der Produktion zu erhöhen.[29] Taiichi Ohno identifizierte und

---

[22] Vgl. Bertagnolli (2018), S. 201.

[23] Vgl. Liker (2014), S. 48ff.

[24] Eine nähere Erläuterung zur Vorgehensweise erfolgt in Kapitel 2.4.2.

[25] Vgl. Ōno u.a. (2013), S. 60f.

[26] Vgl. Gorecki/Pautsch (2018), S. 13.

[27] Vgl. Liker (2014), S. 52.

[28] Ōno u.a. (2013), S. 28.

[29] Vgl. dsb., S. 28.

definierte die ersten sieben Arten von muda (z.Dt. Verschwendungen).[30] Muda ist jede Aktivität, die Kosten verursacht, im Gegenzug aber keinen Wert erzeugt.[31]

1. Überproduktion: Bezeichnet die Herstellung von Gütern, für die es keinen Bestellauftrag gibt.

2. Wartezeit: Arbeiter, die aufgrund stockender vorgelagerter Prozesse ihre Arbeit nicht verrichten können, auf Materialschub warten müssen oder nur die Maschine überwachen sollen.

3. Zu lange Transportwege: Die Hin- und Herbeförderung von Materialen zwischen den verschiedenen Stationen und Lägern oder Fahrten ohne Material.

4. Mangelhafte Organisation der Arbeitsprozesse: Überflüssige Prozessschritte, die für die Einhaltung der individuellen Kundenwünsche nicht notwendig sind.

5. Zu hoher Lagerbestand: Durch zu hohe Lagerbestände entstehen im Unternehmen Lagerhaltungskosten. Teile, die nicht benötigt werden, verbrauchen Lagerfläche und verlieren an Qualität, so dass diese nicht mehr für die Produktion verwendet werden können.

6. Unnötige Bewegungen: Mitarbeiter bewegen sich mehr als notwendig wäre, um die Arbeit zu verrichten.

7. Fehler: Beinhaltet die Fehler in einer Produktion und erzeugt eine schlechte Qualität. Die anschließenden Nachbesserungen, Reparaturen oder Neuproduktionen sind keine wertschöpfenden Aktivitäten.[32]

Durch die Einbeziehung von muri (z.Dt. Überlastung) und mura (z.Dt. Unausgeglichenheit) sind von ihm letztendlich neun Verschwendungsarten identifiziert worden.[33]

---

[30] Vgl. Womack/Jones (2013), S. 23.

[31] Vgl. Zollondz (2013), S. 126.

[32] Vgl. Liker (2014), S. 59f., Bertagnolli (2018), S. 28ff. und Stoeff/Schmeisser (2014), S. 17.

[33] Vgl. Zollondz (2013), S. 126.

2.2 Begriffsdefinition des Lean Managements

Der Begriff „Lean Management" wurde von James P. Womack, Daniel T. Jones, Daniel Roos sowie mit den Projektleitern John F. Krafcik und John P. MacDuffie gemeinsam erfunden. Im Rahmen des Forschungsprojektes „International Motor Vehicle Program" (IMVP) am Massachusetts Institute of Technology (MIT) untersuchten sie die Produktionssysteme von unterschiedlichen Automobilherstellern.[34] Lean Management lässt sich nach Groth und Kammel als ein „pragmatisches, ganzheitliches, integratives Konzept der Unternehmensführung mit strikter Ausrichtung auf Kundenzufriedenheit, Marktnähe und Zeiterfordernisse, auf die Durchgängigkeit der auf Kernfunktionen konzentrierten Wertschöpfungskette, auf die kontinuierliche gleichzeitige Verbesserung von Produktivität, Qualität und Prozessen sowie auf die bestmögliche Nutzung des Humankapitals des Unternehmens"[35] definieren. Lean Management sollte nicht als Methode, sondern als Unternehmensphilosophie verstanden werden. Vom Management bis zum Mitarbeiter müssen die in Kapitel 2.3 beschriebenen Prinzipien nachvollzogen und mitgetragen werden können.[36]

2.3 Lean-Prinzipien

Die fünf Prinzipien entstanden aus dem Umstand heraus, dass den Lesern in dem vorherigen Werk „Die zweite Revolution in der Autoindustrie" von James P. Womack, Daniel T. Jones und Daniel Roos Fragen aufkamen, die in Foren und den Autoren während der Vorstellung des Buches, gestellt wurden. Die Frage war, welche Prinzipien zur Anleitung des Handelns es sind, um Lean in das Unternehmen einzuführen. Die Autoren hatten auf diese Frage keine Antwort. Aus diesem Grund entstanden die 5 Lean-Prinzipien, die sie in ihrem Buch „Lean Thinking" veröffentlicht haben. Die fünf Prinzipien lauten: Spezifikation des Wertes, Identifikation des Wertstroms, Flow des Wertstroms, Pull des Wertes und Streben nach Perfektion.[37]

---

[34] Vgl. Gorecki/Pautsch (2018), S. 14.

[35] Groth/Kammel (1994), S. 25.

[36] Vgl. Gorecki/Pautsch (2018), S. 18.

[37] Vgl. Womack/Jones (2013), S. 15f.

1. Spezifikation des Wertes: Der Wert des Produktes oder einer Dienstleistung wird vom Endkunden definiert und vom Hersteller erzeugt. Das Produkt oder die Dienstleistung sollte zu einem Preis festgelegt werden, für den der Kunde bereit ist zu zahlen. Ist dies geschehen sollte die Frage gestellt werden, wo auf der Erde dieser Wert hergestellt werden kann. Es ist demzufolge der richtungsweisende erste Schritt.[38]

2. Identifikation des Wertstroms: Bei diesem Schritt geht es nicht nur um die interne, sondern auch um die externe Supply Chain. Sprich, es geht um alle Akteure des gesamten Unternehmensnetzwerks (Lieferanten sowie deren Lieferanten), die an der Herstellung des Produktes oder der Dienstleistung beteiligt sind.[39] Laut den Autoren werden während der Analyse des Wertstroms drei Tätigkeitstypen auftreten: Zum einen gibt es die eindeutige Wertschöpfung, die den Wert des Produktes erhöht. Es wird die Form oder die Funktion eines Produktes verändert, wie z.B. das Zusammenschweißen mehrerer Rohre. Zum anderen existieren Arbeitsschritte, die keinen Wert erzeugen, aber notwendig sind. Sie werden als Scheinleistung oder muda Typ 1 bezeichnet. Dies kann z.B. die Überprüfung von Schweißnähten sein.Nicht wertschöpfende Tätigkeiten, die vermeidbar sind, werden als Blindleistung oder muda Typ 2 beschrieben.

3. Flow des Wertstroms: Nachdem der Wert spezifiziert, der Wertstrom erfasst wurde und alle erkennbaren überflüssigen Schritte bereinigt wurden, kann mit dem Flow des Wertstroms begonnen werden. Dieser Schritt bedeutet, dass der Wertschöpfungsprozess von der Konstruktion des Produktes bis zum Endkunden in einem Fluss, ohne Lagerung von Zwischen- und Endprodukten oder anderweitigen Unterbrechungen, kontinuierlich durchgeführt werden kann.[40]

---

[38] Vgl. dsb., S. 24f.
[39] Vgl. Gorecki/Pautsch (2018), S. 19.
[40] Vgl. Womack/Jones (2013), S. 405.

4. Pull des Wertes: Die Produktion wird erst dann angestoßen, wenn der Kunde seinen Bedarf an den Lieferanten übermittelt. Das bedeutet in diesem Fall, dass der Kunde die Produktion anzieht. Dies ist das genaue Gegenteil vom Push-Prinzip. Die Informationsflüsse sind beim Pull-Prinzip kürzer und unkomplizierter.41

5. Streben nach Perfektion: Das fünfte und somit letzte Prinzip ist das Streben nach Perfektion. Es wird im japanischen als „Kaizen" bezeichnet und steht für eine kontinuierliche Verbesserung in kleinen Schritten.42 Nachdem alle Tätigkeiten entlang der Wertschöpfungskette einen Wert für den Kunden erzeugt haben und muda beseitigt wurde, erkennt man, dass beim Streben nach Perfektion die „Prozesse der Reduktion von Arbeit, Zeit, Raum, Kosten und Fehlern beim Anbieten von Produkten endlos sind."43 Das Produkt entspricht immer mehr den Vorstellungen des Kunden.44 Der einzelne Arbeiter kann bei diesem Prinzip eine entscheidene Rolle spielen. Durch ein betriebliches Vorschlagswesen kann der Arbeiter mit in den kontinuierlichen Verbesserungsprozess integriert werden.45

Abbildung 1 zeigt wie die Verschwendungsarten im Zusammenhang mit den Prinzipien des Lean Managements stehen. Die Prinzipien Spezifikation des Wertes und Identifikation des Wertstroms haben demnach die Aufgabe Überproduktion und Bestände zu vermeiden. Die drei anderen Prinzipien Flow des Wertstroms, Pull des Wertes und Streben nach Perfektion sollen dafür zuständig sein, dass das Ziel der Vermeidung von Beständen und Überproduktion erreicht wird.46

---

41 Vgl. Zollondz (2013), S. 198f.
42 Vgl. Brunner (2017), S. 11.
43 Womack/Jones (2013), S. 36.
44 Vgl. dsb., S. 36.
45 Vgl. Bär/Purtschert (2014), S. 36.
46 Vgl. Steven/Klünder (2018), S. 204.

Abbildung 1: Prinzipien und Verschwendungsarten des Lean Managements
Quelle: Steven/Klünder (2018), S. 204.

2.4 Techniken des Lean Managements

Das Lean Management beruht auf der Zusammenstellung von Techniken. Diese Techniken lassen sich in einem „Toyota Haus" graphisch veranschaulichen (s. Abbildung 2).

Abbildung 2: Toyota Haus
Quelle: Liker (2014), S. 65.

Lean-Techniken sind als geeignete Standards zu verstehen, die von jedem Mitarbeiter angewandt werden können, um Probleme in der Produktion, Organisation und Qualität zu beheben. Sie lassen sich zunächst als Super-Lean-Techniken einstufen. Dazu zählen unter anderem JiT, Kanban, Jidoka, 5 Ws, Poka Yoke, Kaizen, Standardisierung, One Piece Flow sowie das Wertstromdesign. Das Lean Management-System ist dann verbesserungswürdig, wenn eine oder gar mehrere dieser Techniken nicht mit einbezogen werden. Diese Lean-Techniken können wiederum in 3 Kategorien eingegrenzt werden: Problemlösung, Prozessorientierung, Prozess- und Lösungskontrolle.[47]

2.4.1 Problemlösung

Eine Lean-Technik zur Problemlösung ist das sogenannte Ishikawa-Diagramm, auch Ursache-Wirkungs-Diagramm genannt. Es wird dazu genutzt, um Problemursachen zu identifizieren und zu analysieren. Für diese Technik ist kein Fachwissen notwendig, sondern kann auch ohne spezielles Wissen durchgeführt werden. Der erste Schritt ist die Definition des Problems und seine Wirkung, um daraufhin die Ursachen zu untersuchen. Das Problem sollte in eine Warum-Frage umgestellt werden.[48] Die möglichen Ursachen werden als Äste im Diagramm dargestellt und beinhalten die vier M's (Mensch, Maschine, Material, Methode). Diese können durch drei weitere M's (Management, Messung, Milieu) bei Bedarf ergänzt werden. Für jeden Ast sollte eine Liste mit zehn Fragen erstellt werden, um die Ursachen sorgfältig zu identifizieren.[49]

2.4.2 Prozessorientierung

In der Kategorie Prozessorientierung kann man zwischen den Techniken Jidoka, JiT, Kanban, One Piece Flow (OPF), Single Minute Exchange of Die (SMED) und Wertstromdesign unterscheiden.[50] Jidoka ist, wie in Kapitel 2.1.2 erwähnt, eines der beiden Säulen des TPS.[51] Unter dem Jidoka-Prinzip (autonome Automation) versteht man, dass Maschinen ihre Fehler bzw. Probleme selbständig verhindern.[52] Dies ist insofern wichtig, weil so verhindert wird, dass fehlerhafte Teile

---

47 Vgl. Zollondz (2013), S. 270f.
48 Vgl. Zollondz (2013), S. 272.
49 Vgl. Brunner (2017), S. 22.
50 Vgl. Zollondz (2013), S. 274ff.
51 Vgl. dsb., S. 274.
52 Vgl. Ōno u.a. (2013), S. 40.

weiterverarbeitet werden. Das erspart Kosten, da eine Nachbesserung, Inspektion oder Reparatur nicht mehr notwendig ist.[53] Außerdem bleibt es den Mitarbeitern erspart die Maschinen zu überwachen.[54] Der Mitarbeiter muss in einer vorgegebenen Zeit den Fehler beheben. Ist er dazu nicht in der Lage, so hat er seinen Vorgesetzten zu benachrichtigen.[55]

JiT (z.Dt. fertigungssynchrone Lieferung)[56] umfasst ein Lieferkonzept, bei dem sämtliche Materialien, Produkte oder Teile frühestens gefertigt, befördert, zur Verfügung gestellt oder zusammengefügt werden, wenn der empfangende Prozessschritt diese benötigt.[57] Dies hat zur Auswirkung, dass eine „flexible Reaktion auf kurzfristige Veränderungen der Kundennachfrage"[58] ermöglicht wird. Die Vorteile des JiT-Konzepts sind die Reduzierung der Bestände, und dass die Prozessschritte der Kommissionierung, des internen Transports sowie der Ein- uns Auslagerung hinfällig werden.[59]

Wie in Kapitel 2.1.2 erwähnt, entstand das Kanban-System aus einer Inspiration von amerikanischen Supermärkten, die Taiichi Ohno während seines Aufenthaltes in den USA besuchte. Kanban stellt eine selbststeuernde Produktion dar, die auf dem Pull-Prinzip beruht. Der Materialfluss ist bei diesem System vorwärts gesteuert (vom Hersteller zum Verbraucher) und der Informationsfluss dagegen rückwärts gesteuert (vom Verbraucher zum Hersteller).[60] Um das Kanban-System erfolgreich umzusetzen, müssen gewisse Regeln beachtet werden. Die Auslösung einer Produktion erfolgt nur, wenn ein Bedarf des Verbrauchers besteht. Demnach werden die Lieferung und der Transport von Produkten nur mit einem Kanban (Bestellung) und einem Signal ausgelöst, wie bspw. eine Karte, auf der Informationen wie Barcode, Lieferzeit, Behältertyp, Kartennummer, Quelle (Hersteller), Senke (Verbraucher), Menge enthalten sind.[61] Ist ein Kanban bei dem Produzenten eingegangen, fertigt er die benötigten Teile an. Die gefertigten und angeforderten Teile werden anschließend in vorgeschriebenen Behältern zur verbrauchenden Stelle

---

[53] Vgl. Stoeff/Schmeisser (2014), S. 49.
[54] Vgl. Zollondz (2013), S. 274.
[55] Vgl. Gorecki/Pautsch (2018), S. 55.
[56] Vgl. Zollondz (2013), S. 275.
[57] Vgl. Zsifkovits 2013), S. 180.
[58] Liker (2014) S. 52.
[59] Vgl. Zsifkovits (2013), S. 181.
[60] Vgl. Hering/Geiger/Kummer (2018), S. 109.
[61] Vgl. Dickmann (2009), S. 227.

geliefert. Tritt weiterer Bedarf bei der verbrauchenden Stelle auf, beginnt der Ablauf erneut.[62] Eine weitere Technik der Prozessorientierung ist der One-Piece-Flow (OPF). Die Teilprozesse werden in einer Reihenfolge angeordnet, so dass sich zwischen den Arbeitsstationen keine Bestände bilden können[63] und eine Erfüllung der Kundenanforderungen schnellstmöglich geschieht.[64] Die Voraussetzung ist allerdings, dass die Produkte die Losgröße 1 haben. Für größere Losgrößen kann der OPF bisher nur schwer angewandt werden.[65] Außerdem müssen die Umrüstzeiten verkürzt werden, um die Wirtschaftlichkeit zu gewährleisten. Weitere Voraussetzungen sind, dass die Arbeitsplätze in der OPS-Zelle so angeordnet sind, dass das zu bewegende Teil durchlaufen kann (z.B. LKW-Karosserie). Zuletzt muss gewährleistet sein, dass je OPF-Zelle eine praktische Arbeitsteilung realisierbar ist. Sind all diese Voraussetzungen erfüllt, kann der OPF in einer U-Zelle organisiert werden.[66]

Wie schon erwähnt, ist eine Voraussetzung des OPF die Reduzierung der Umrüstzeiten. Die Reduzierung der Umrüstzeiten kann durch die Anwendung von Single Minute Exchange of Die (SMED) geschehen. Der Vorgang zur Realisierung von SMED erfolgt in drei Schritten. Im ersten Schritt unterscheidet man zwischem internen und externen Rüsten. Interne Rüsttätigkeiten sind Tätigkeiten, die nur bei Anlagenstillstand durchgeführt werden können. Bei externen Rüsttätigkeiten muss die Anlage nicht unbedingt außer Betrieb sein, somit können die Rüsttätigkeiten parallel durchgeführt werden. Dadurch kann die Zeit bei einem Anlagenstillstand reduziert werden. Im zweiten Schritt liegt das Augenmerk auf der Reduzierung der internen Rüsttätigkeiten, um die Zeit des Stillstands zu mindern.[67] Dies kann durch „Schnellspannverschlüsse zur Befestigung von Formen und Modulen sowie durch Vermeidung von Einstellarbeiten durch verändertes technisches Design"[68] erreicht werden. Im letzten und dritten Schritt geht es darum, dass die Rüsttätigkeiten weiter optimiert werden. Die SMED-Technik folgt demnach dem Kaizen, also dem kontinuierlichen Verbesserungsprozess.[69]

---

[62] Vgl. Hering/Geiger/Kummer (2018), S. 110.

[63] Vgl. Zollondz (2013), S. 206.

[64] Vgl. Brunner (2017), S. 114.

[65] Vgl. Brecher (2011), S. 29.

[66] Vgl. Zollondz (2013), S. 207.

[67] Vgl. Dombrowski/Mielke (2015), S. 104f.

[68] Gorecki/Pautsch (2018), S. 80.

[69] Vgl. Dombrowski/Mielke (2015), S. 105.

Eine Technik, um Verschwendungen in der Produktion zu visualisieren, ist die Wertstrommethode.[70] Sie visualisiert den Produktionsprozess, den Materialfluss, den Informationsfluss sowie die Geschäftsprozesse.[71] Im Wertstrom sind „alle Aktivitäten im Rahmen der wertschöpfenden und nicht wertschöpfenden Geschäftsprozesse, die notwendig sind, um ein Produkt bzw. eine Dienstleistung herzustellen"[72], aufgeführt. Die Wertstrommethode bietet demnach einen Überblick über den gesamten Prozess aus der Vogelperspektive. Daraus lässt sich dann ein Gesamtzusammenhang erkennen.[73] Das Wertstromdiagramm ist in 5 unterschiedliche Bereiche eingeteilt: Kunde, Steuerung und Informationsfluss, Lieferanten, Prozesse und Materiafluss sowie Kennzahlen und Zeiten.

Der Kunde wird immer in der rechten oberen Ecke abgebildet und erhält eine Fabrik als Symbol, welches Informationen über die Menge an Produkten in einem bestimmten Rhythmus enthält, die der Kunde bekommt.[74] Kunden können Fabriken, Händler, Handwerksbetriebe oder Großkunden sein.[75] Im mittleren Bereich des Diagramms werden die Prozesse und der Materialfluss dargestellt. Die Prozesse werden durch ein Kästchen dargestellt, das neben der Prozessbezeichnung (z.B. stanzen oder biegen) auch die Anzahl der Mitarbeiter und anderen Parametern darstellt.[76] Der Materiafluss wird durch Pfeile (z.B. FIFO) dargestellt und Bestände durch ein Dreieck. In diesem Dreieck befindet sich der Buchstabe „I" für Inventory. Das Dreieck wird zwischen den Prozesskästchen dargestellt, wo Bestände ausfindig gemacht werden. Unterhalb des Warndreiecks wird die Bestandshöhe aufgeführt. Dies geschieht durch Nachzählen.[77] Oberhalb der Mitte befinden sich die Steuerungsaktivitäten. Unter Steuerungsaktivitäten versteht man Funktionen, die den Start der Prozesskästchen auslösen und den Kundenbedarf in Fakten bzw. Daten umsetzen, die im Fertigungsbereich gebraucht werden. Dazu gehören unter anderem die Funktionen Disposition, Arbeitsvorbereitung oder Fertigungssteuerung. Durch einfache Pfeile wird dargestellt, dass bestimmte Informationen von einer Funktion zu einem Bereich fließen und schlussendlich in einem Prozesskästchen

---

[70] Vgl. Zsifkovits (2013), S. 325.
[71] Vgl. Erlach (2010), S. 8.
[72] Zsifkovits (2013), S. 325.
[73] Vgl. Zollondz (2013), S. 203.
[74] Vgl. Klevers (2009), S. 39.
[75] Vgl. Erlach (2010), S. 46.
[76] Vgl. Klevers (2009), S. 41f.
[77] Vgl. dsb., S. 51f.

ankommen. In der oberen linken Ecke werden die Lieferanten aufgeführt. Anfangs werden nur die wichtigsten Lieferanten benannt, welche im weiteren Verlauf ggf. ergänzt werden können. Diese werden ebenfalls durch ein Fabriksymbol dargestellt. Die Kennzahlen und Zeiten findet man im unteren Bereich des Wertstromdiagramms. Dort befinden sich die Durchlauf- und Wertschöpfungszeiten.

Um die Wertstrommethode umsetzen zu können, sollten 4 Schritte eingehalten werden:

1. Produktfamilien: Bevor mit der Wertstromanalyse begonnen wird, muss man bestimmen, für welches Produkt man den Wertstrom bildet. Denn ein Wertstrom bezieht sich immer auf ein Produkt bzw. eine Produktfamilie. Ein Verfahren zur Bildung von Produktfamilien ist die Produktfamilien-Matrix. Hierbei werden alle Produkte mit ähnlichen oder gleichen Prozessschritten zu einer Produktfamilie zusammengefasst. Das Problem bei mehreren Produkten wäre, dass es unübersichtlich werden würde und sich Verbindungen überlagern.[78] Ein typisches Produkt aus der Produktfamilie wird als Repräsentant gewählt, bei dem gewisse Erkenntnisse auf die anderen Produkte in der Produktfamilie übertragen werden.[79]

2. Kundenbedarf: Bei der Wertstromanalyse wird die Perspektive des Kunden eingenommen, denn das Ziel ist es eine Produktion zu erreichen, die sich am Bedarf des Kunden orientiert. Der Kundentakt drückt den Kundenbedarf in der Wertstromanalyse aus. Der Kundentakt ist der durchschnittliche Stückbedarf und die Richtlinie für die Produktion. Allerdings kann es auch zu Kundenbedarfsschwankungen kommen, weshalb eine Lagerhaltung oder kapazitätsflexible Produktion notwendig ist. Die Schwankungen bezieht man aus einer Datenanalyse oder legt sie als Zielgröße fest. [80]

3. Produktion: Wenn die ersten beiden Schritte vollzogen worden sind, kann die Ist-Aufnahme des Wertstroms beginnen, die immer in der Fabrik stattfindet. Die Aufnahme des Wertstroms erfolgt in 2 Durchgängen. Der erste Durchgang beginnt mit der Aufnahme der Produktionsprozesse und des Materialflusses. Der zweite Durchgang bezieht sich auf die Aufnahme der Geschäftsprozesse zur Abwicklung des Auftrags und des

---

[78] Vgl. Erlach (2010), S. 38f.
[79] Vgl. dsb., S. 45.
[80] Vgl. Erlach (2010), S. 46 und 54.

Informationsflusses. Anschließend müssen in der Fabrik Gespräche mit allen beteiligten Mitarbeitern geführt werden, um die realen Bedingungen zu erfassen. Als Ergebnis erhält man bei Beendigung der Analyse schlussendlich eine Wertstromzeichnung.[81]

4. Potentiale: Im letzten Schritt können Verbesserungspotentiale in Bezug auf den Produktionsablauf aufgedeckt werden. Verschlechterungen im Produktionsablauf können sicher und umfassend erkannt werden. Daher eignet sich die Wertstromanalyse bzw. die Wertstrommethode als Werkzeug zum Auslöser und zur Bewertung von Veränderungsprozessen innerhalb der Produktion.[82]

2.4.3 Prozess- und Lösungskontrolle

Dieses Kapitel bezieht sich auf die Techniken Andon, 5S und Poka Yoke.

Andon bezeichnet eine Technik, bei der sofort ein Signal ausgelöst wird, wenn eine Störung an einer Maschine bzw. ein Problem im Produktionsablauf erkannt wird. Daher sind die Anlagen und Maschinen mit Sensoren ausgerüstet.[83] Gibt es an einer Arbeitsstation ein Problem, leuchtet ein gelbes Licht auf. Der Teamleiter hat dann Zeit auf das Problem zu reagieren und es zu beheben, bis das nächste Produkt die Arbeitsstation erreicht. Ist es erforderlich, dass das Band angehalten wird, um ein Problem zu lösen, schaltet die Ampel auf Rot und die komplette Fertigungsstraße kommt zum Stehen.[84] Über Anzeigetafeln wird jeder einzelne Mitarbeiter über die Art des Problems und den Entstehungsort informiert.[85] Der Vorteil ist, dass jeder Mitarbeiter den aktuellen Status der Fertigung erkennen kann. Das Ziel ist es sofortige Maßnahmen einzuleiten, um den geplanten Prozess fortzuführen.[86]

Einen sauberen, ordentlichen sowie organisierten Arbeitsplatz erreicht man mit 5S.[87] Es folgt dem Ziel, dass Verschwendung am Arbeitsplatz vermieden werden kann und ein standardisierter Arbeitsplatz erreicht wird, der auch in diesem

---

[81] Vgl. dsb., 54ff.

[82] Vgl. dsb., S. 101.

[83] Vgl. Shingō/Raab/Hesse (1993), S. 43.

[84] Vgl. Liker (2014), S. 193.

[85] Vgl. Shingō/Raab/Hesse (1993), S. 43.

[86] Vgl. Gorecki/Pautsch (2018), S. 54.

[87] Vgl. Tautrim (2014), S. 19.

Zustand bleibt.[88] Die 5S Methode bezieht sich auf die 5 Phasen des Programms, deren Bezeichnungen sowohl im Deutschen als auch im Japanischen und Englischen mit einem S beginnen. Die 5 Phasen lauten: Seiri (Sortieren), Seiton (Systematisieren), Seiso (Säubern), Seiketsu (Standardisieren) und Shitsuke (Selbstdisziplin).[89]

1. Seiri: Nicht notwendige Gegenstände, Werkzeuge, Dokumente etc. sollten entfernt werden.

2. Seiton: Die notwendigen Gegenstände erhalten einen gekennzeichneten festen Platz. Dadurch kann jeder Mitarbeiter sehen, wo der Gegenstand entnommen wurde und wieder hingelegt werden muss.

3. Seiso: Der Arbeitsplatz sollte unter anderem aufgrund der Kunden sauber gehalten werden. Außerdem hat es den Zweck, dass Fehler erkannt und somit behoben werden können.

Die letzten beiden S sorgen dafür, dass die ersten 3S aufrecht gehalten werden und der Prozess besser kontrolliert werden kann.

4. Seiketsu: Ordnung und Sauberkeit sollten zu den Tätigkeiten gehören, die auf eine festgelegte Art erledigt werden, und zwar nach dem Standard.

5. Shitsuke: Die Maßnahmen müssen dauerhaft aufrechterhalten werden, was eine Sache der Disziplin ist. Daher müssen Bedingungen geschaffen werden, um das Ergebnis so leicht wie möglich aufrechterhalten zu können.[90]

Wenn man diese Methode langfristig durchführt, sind die Wirkungen erkennbar. Es besteht ein geringeres Unfallrisiko, die Produktivität wird erhöht, weniger Platzbedarf, schnelleres Finden von Arbeitsmitteln und Dokumenten[91], Durchlaufzeiten verkürzen sich, Kostenreduzierungen und Standards erleichtern die Einarbeitung von neuen Mitarbeitern.[92]

Ein weiterer bedeutender Begriff im Lean Management ist das Visual Management. Darunter wird „die Umsetzung von Zielen, Standards und Vorgaben in jeder Art von visueller Darstellung verstanden."[93] Der Schwerpunkt liegt hier bei der schnellen und ergonomischen Informationsvermittlung, die verbildlicht dargestellt wird. Der

---

88 Vgl. Zollondz (2013), S. 279.
89 Vgl. Teeuwen/Schaller (2015), S. 14 und Zollondz (2013), S. 279.
90 Vgl. Teeuwen/Schaller (2015), S. 15f.
91 Vgl. Zollondz (2013), S. 281.
92 Vgl. Gorecki/Pautsch (2018), S. 72f.
93 Vgl. Gorecki/Pautsch (2014), S. 132.

gesamte Material- und Prozessfluss sowie die Arbeitsanweisungen werden nicht in Textform, sondern überwiegend visuell und bildlich dargestellt. Die Informationen in Textform sollen dabei nur eine unterstützende Rolle spielen. Der Vorteil für die Arbeiter ist, dass man nicht zuerst einen Text lesen muss, um die Prozesse zu verstehen. Durch die visuelle Darstellung können und sollen Arbeiter die Abweichung von Standards erkennen und ggf. auf Richtigkeit überprüfen. Beispiele für das Visual Management sind die 5S-Methode, Andon oder allgemein visuell dargestellte Arbeitsanweisungen in Form von Ampeln. Das Visual Management unterstützt die zu erreichenden Ziele und die Umsetzung in der Praxis. Dabei werden Kaizen-Aktivitäten in Gang gesetzt.[94]

Poka Yoke ist die letzte Technik, die in diesem Kapitel vorgestellt werden soll. Poka Yoke kann im Deutschen als „Vermeidung zufälliger Fehler" bezeichnet werden[95], welches die Null-Fehler Produktion als Ziel hat. Es ist vor allem darauf ausgerichtet menschliche Fehler, die einem bei der Arbeit innerhalb der Prozessketten widerfahren können, zu unterbinden.[96] Dies ermöglicht, dass die Fehler direkt bei der Entstehung aufgedeckt und verhindert werden, so dass ein fehlerhaftes Produkt nicht in den nächsten Prozessschritt weitergeleitet oder bis zum Kunden ausgeliefert werden kann.[97] An Schwachstellen sollen Poka-Yokes eingebracht werden, die sich in Warn-Poka-Yokes und Steuer-Poka-Yokes unterscheiden. Der Unterschied zwischen diesen beiden Poka-Yokes ist, dass bei Warn-Poka-Yokes nur in Form von Lichtern angezeigt wird, dass ein Fehler aufgetreten ist, während bei Steuer-Poka-Yokes ein Facharbeiter den Fehler behebt, bevor die Arbeit fortgesetzt werden kann. In diesem Fall wird dann die Maschine oder Anlage automatisch stillgelegt.[98] Weitere Beispiele sind, dass bei einem Bearbeitungsfehler die Maschine nicht mit der Bearbeitung beginnt oder das Werkstück nicht in das Werkzeug passt.[99] Abschließend lässt sich sagen, dass jede Poka-Yoke-Maßnahme sicher, einfach, kostengünstig sein und im Vorfeld mehrfach unter verschiedenen Aspekten getestet werden muss.[100]

---

[94] Vgl. dsb., S. 132ff.
[95] Vgl. Brunner (2017), S. 49.
[96] Vgl. Theden/Colsman (2013), S. 94.
[97] Vgl. Stoeff/Schmeisser (2014), S. 47.
[98] Vgl. Füser (2007), S. 183.
[99] Vgl. Ōno (2013), S. 164.
[100] Vgl. Brunner (2017), S. 50.

3 Digitalisierung und Industrie 4.0

In diesem Kapitel werden zuerst die Begriffe Digitalisierung und Industrie 4.0 erklärt. Anschließend gibt es einen kurzen geschichtlichen Überblick zur Entwicklung der Digitalisierung. Darauffolgend werden die 3 Digitalisierungstechnologien Big Data, Internet der Dinge und Dienste sowie Cyberphysische Systeme erläutert. Zum Abschluss folgt eine Gegenüberstellung der Potenziale und Herausforderungen.

3.1 Begriffsdefinition der Digitalisierung und Industrie 4.0

Der Begriff Digitalisierung besitzt keine einheitliche Definition. Es hängt davon ab, welche Schwerpunkte und Sichtweisen man in der jeweiligen Branche hat, denn die können sich durchaus in verschiedenen Branchen unterscheiden. Daher gibt es keine allgemeingültige Definition des Begriffs. Einerseits bedeutet es, dass analoge Daten in digitale umgewandelt werden. Andererseits beschreibt es die Vernetzung von Menschen, Technik, Informationen und Dingen sowie die Nutzung von digitalen Technologien wie Big Data, was eine Automation von Prozessen und Geschäftsmodellen zur Folge hat.[101] Oliver Bendel bezeichnet die Digitalisierung als eine digitale Revolution, die man auch unter der dritten Revolution kennt, wo „seit Anfang des 21. Jahrhunderts disruptive Technologien, innovative Geschäftsmodelle sowie Autonomisierung, Flexibilisierung und Individualisierung in der Digitalisierung"[102] im Fokus stehen. Die nutzbringendste Eingrenzung des Begriffs liefert aber das Bundesministerium für Wirtschaft und Energie. Digitalisierung wird laut dem BMWi als eine Verbindung von physischer und virtueller Welt definiert, in der alle Bereiche von Wirtschaft und Gesellschaft miteinander vernetzt sind und die Fähigkeit haben, wichtige Informationen zu erfassen, zu analysieren und in Handlungen auszuführen.[103] Diese Entwicklung mündet nun in die vierte industrielle Revolution, die auch unter dem Begriff Industrie 4.0 bekannt ist.[104] Der Begriff Industrie 4.0 wurde erstmals 2011 auf der Hannover Messe geprägt und hat seitdem eine steigende Aufmerksamkeit erhalten. Darunter versteht man ein Zukunftsprojekt der Bundesregierung, welches die „Informatisierung" der deutschen Fertigungstechnik intensivieren will. Industrie 4.0 beruht auf dem Ansatz einer intelligenten

---

[101] Vgl. Hanschke (2018), S. 3.

[102] Bendel (2018), o.S.

[103] Vgl. Bundesministerium für Wirtschaft und Energie (2015), S. 3.

[104] Vgl. Bendel (2018), o.S.

Fabrik, die über das Internet der Dinge verbunden sind[105] auf Basis von cyberphysischen Systemen[106] (CPS - intelligente Systeme aus Elektronik, Softwaretechnologie, Mechatronik).[107] Eine genaue Begriffsdefinition liefert Hermann mit der Digitalisierung als Hauptelement:[108]

> „Industrie 4.0 is a collective term for technologies and concepts of value chain organization. Within the modular structured Smart Factories of Industrie 4.0, CPS monitor physical processes, create a virtual copy of the physical world and make decentralized decisions. Over the IoT[109], CPS communicate and cooperate with each other and humans in real time. Via the IoS[110], both internal and cross-organizational services are offered and utilized by participants of the value chain."[111]

Zusammenfassend lässt sich festhalten, dass die Digitalisierung eine Voraussetzung für die Umsetzung von Industrie 4.0 ist. Dies machen die Digitalisierungstechnologien wie Big Data, Internet der Dinge und Dienste sowie die cyberphysischen Systeme, auf die in Kapitel 3.3 detailliert eingegangen wird, möglich.[112] Außerdem wird der Begriff Industrie 4.0 nur im deutschsprachigen Raum verwendet und soll die Entwicklungsstufen der Digitalisierung kennzeichnen.[113]

3.2 Entwicklung der Digitalisierung und Industrie 4.0

Im Folgenden soll die Entwicklung von der Digitalisierung und Industrie 4.0 dargestellt werden. Dabei werden die ersten beiden Revolutionen nur kurz erläutert, während die 3. und 4. Revolution detaillierter beschrieben wird.

Die 1. industrielle Revolution begann im Verlaufe des 18. Jahrhunderts. Es bezeichnet den Übergang von einer handwerklichen Fertigung zu einer industriellen Fertigung. Der Auslöser war die Einführung von Wasser- und Dampfmaschinen. Damit gelang der Umbruch von einer Agrar- zu einer Industriegesellschaft. Außerdem verbreiteten sich die Dampfschiffe und Eisenbahnen, wodurch es zu einer neuen

---

[105] Vgl. Kieviet (2016), S. 44.

[106] Erläuterung in Kapitel 3.3.3

[107] Vgl. Steinhoff (2016), S. 1.

[108] Vgl. Steven (2019), S. 14.

[109] Internet of Things, nähere Erläuterung in Kapitel 3.3.2

[110] Internet of Services, nähere Erläuterung in Kapitel 3.3.2

[111] Hermann/Pentek/Otto (2015), S. 11.

[112] Vgl. Steven (2019), S. 68.

[113] Vgl. Krüger (2017), S. 8.

und einfacheren Art des Transports kam. Mit der Entdeckung von Erdöl, der Erfindung des Verbrennungsmotors, der Elektrizität und dem Fließband zur Massenfertigung sowie dem Telefon als ein neues Kommunikationsmittel begann die 2. industrielle Revolution, die auf den Anfang des 20. Jahrhunderts datiert wird. Von diesem Zeitpunkt an konsumierten die Menschen nicht nur das, was zum Leben notwendig ist, sondern die Menschen steigerten in Form von Gebrauchsgegenständen ihren Lebensstandard.[114] Die 3. industrielle Revolution begann Mitte des 20. Jahrhunderts mit der Erfindung des Computers und wird auch als digitale Revolution bezeichnet.[115] Sie steht für die Automatisierung der Produktionsprozesse durch die Einführung von Elektronik und Informationstechnologien.[116] Durch die Verbreitung der Computer entstand eine Informationsgesellschaft, die die Industriegesellschaft ablöste.[117] Der Bestandteil von Computern, Programmen und Mikroprozessen stieg in den Industrieanlagen immer weiter an. Maschinen konnten in kurzer Zeit, je nach Art des Auftrags, umprogrammiert werden und übernahmen Aufgaben von Mitarbeitern, was gleichzeitig eine Erhöhung der Flexibilität und Produktivität bewirkte. Durch automatisiertes Wechseln der Werkzeuge dagegen, schaffte man es die Rüstzeit zu verringern, was die Fertigung kleiner Losgrößen zu kostengünstigen Preisen ermöglichte.[118] Mitarbeiter wechselten von nun an immer mehr zur Kontrollfunktion und überwachten die Maschinenabläufe.[119] Kleinemeier beschreibt, dass die „Leittechnik in der automatisierten Fabrik der Industrie 3.0 (..) durch das hierarchische System der Automatisierungspyramide geprägt [ist, d. Verf.] - vom ERP-System auf der Unternehmenssteuerungsebene bis hinunter zu den Ein- und Ausgabeschnittstellen auf der Feldebene.“[120] Durch den Gebrauch von Elektronik und Informations- und Kommunikationstechnologie (IKT) zeichnet die dritte industrielle Revolution schlussendlich die Möglichkeit der Automatisierung und die variantenreiche Serienproduktion aus.[121]

---

114 Vgl. Sendler (2016), S. 5.

115 Vgl. Wolter u.a. (2015), S. 9.

116 Vgl. Bauernhansl (2014), S. 7.

117 Vgl. Wolter u.a. (2015), S. 9.

118 Vgl. Steven (2019), S. 21.

119 Vgl. Sendler (2016), S. 5.

120 Vgl. Kleinemeier (2014), S. 571.

121 Vgl. Siepmann/Graef (2016), S. 19.

Der Begriff „Industrie 4.0" existiert deshalb, weil momentan ein Übergang von der 3. zur 4. industriellen Revolution stattfindet. Industrie 4.0 steht im Gegensatz zur 3. industriellen Revolution für eine zunehmende Vernetzung und Flexibilität. Menschen, Maschinen und Lagersysteme besitzen die Möglichkeit untereinander zu kommunizieren und Informationen auszutauschen, Maßnahmen zu treffen und vor allem sich eigenständig zu steuern[122], dadurch dass sie auf die Veränderung der Umwelt reagieren.[123] Über Unternehmensgrenzen hinweg eignen sich diese Systeme dafür, die Wertschöpfungskette zu verbessern oder die Lieferantenkette zu steuern. Im Gegensatz zur Industrie 3.0 wird es in der Industrie 4.0 keine Hierarchie bei der Kommunikation geben. Das Produkt wird die Produktion selbst steuern können, so dass eine zentrale Steuerung überflüssig ist. Der Umkehrschluss ist, dass eine dezentrale Steuerung für die Produktion verantwortlich ist. Wenn Unternehmen also den Schritt von einer automatisierten Produktion zu einer intelligenten Fabrik vollziehen wollen, müssen sie sich die Frage stellen, welche Voraussetzungen dafür geschaffen werden müssen.[124]

3.3 Digitalisierungstechnologien

In diesem Kapitel werden die Basistechnologien der Digitalisierung vorgestellt. Diese umfassen die 3 Technologien Big Data, Internet der Dinge und Dienste sowie das CPS.

3.3.1 Big Data

„Daten sind das Erdöl der Zukunft." So formulierte es der Medienfuturist Gerd Leonhard.[125] Unter dem Begriff Big Data versteht man die Anhäufung von großen Mengen an Daten[126], die sich in einem immer größer werdenden Ausmaß aufgrund der vermehrten Verknüpfung der Wertschöpfungsketten und von Produkten ansammeln und sich nicht mehr mit bewährten „Methoden der Datenverarbeitung"[127] erfassen lassen.[128] Laut einer Studie der International Data Corporation (IDC) und Seagate sollen es bis 2025 weltweit an die 163 Zettabyte Datenvolumen

---

[122] Vgl. Kleinemeier (2014), S. 571.
[123] Vgl. Brühl (2015), S. 63.
[124] Vgl. Kleinemeier (2014), S. 571.
[125] Vgl. Samulat (2017), S. 117.
[126] Vgl. Sendler (2016), S. 47.
[127] Steven (2019), S. 73.
[128] Vgl. dsb., S. 72f.

sein.[129] Ein Zettabyte entspricht 10^{21} Byte.[130] Zur Verdeutlichung bzw. Verbildlichung, was dies für eine Menge darstellt, folgen 2 Beispiele: 42 Zettabyte wäre die Menge aller gesprochenen Worte von Menschen[131] oder ungefähr 57-mal die Menge Sandkörner an allen Stränden dieser Welt.[132] Generiert werden diese Mengen mitunter von E-Mails, GPS, Telefongesprächen über das Internet, sozialen Netzwerken oder auch Überwachungskameras.[133] Big Data lässt sich in 4 Kriterien einteilen: Volume, Variety, Velocity sowie Veracity. Volume beschreibt die Größe an Datenmenge, die in Datensätzen und Files oder Bytes (Yottabytes, Zettabytes, Exabytes etc.) gemessen werden können. Variety steht für die Datenvielfalt, die in verschiedensten Formen auftreten kann. Dies können Fremddaten, Firmendaten, Kommunikation zwischen Maschinen, Texte, Videos, Bilder oder auch Präsentationen, neben einer Vielzahl anderer Daten, sein. Wie schnell Daten generiert, übertragen und analysiert werden können, fasst man unter dem Begriff Velocity zusammen. Diese müssen immer schneller, bestenfalls in Echtzeit, ausgewertet werden.[134] Das letzte Kriterium bezeichnet die Qualität und Verlässlichkeit der Daten, die aus verschiedensten Quellen erfasst worden sind, und wird unter dem Begriff Veracity zusammengefasst.[135] Wie bereits erwähnt, lassen sich diese Datenmengen mit bisherigen Möglichkeiten der Datenverarbeitung nicht auswerten und analysieren. Durch Algorithmen, Trends und Fusionierung von Daten entsteht aus Big Data „Smart Data".[136] Damit kann das gesamtwirtschaftliche Potenzial erzielt werden.[137] Um die Daten zu nutzen und zu erfassen, muss man folgende Schritte beachten:

---

[129] Vgl. Seagate (2017), o.S.

[130] Vgl. Steven (2019), S. 72.

[131] Vgl. Spiegel (2011), o.S.

[132] Vgl. Jüngling, (2013), o.S.

[133] Vgl. Siepmann (2016), S. 57.

[134] Vgl. BITKOM (2012), S. 19ff.

[135] Vgl. Steven (2019), S. 73.

[136] Vgl. Kagermann (2014), S. 245.

[137] Vgl. Jähnichen (2015), S. 1.

1. Erfassung und Sammlung: Die Daten müssen am Entstehungsort festgehalten werden. Als Quellen kommen dabei verschiedene Anwendungen zum Einsatz. Dies kann z.B. durch ERP-Systeme geschehen.[138] ERP-Systeme sind integrierte Softwares, die Geschäftsprozesse informationstechnisch unterstützen. Sie stellen aktuelle Informationen durch die erfassten Daten bereit und ermöglichen somit eine Planung, Steuerung und Kontrolle innerhalb des Unternehmens.[139] Eine weitere Quelle, um Daten zu beziehen, ist das Cloud-Computing. Beim Cloud-Computing können alle in der Wertschöpfungskette verbundenen Partner gemeinsam ausgewählte Daten nutzen. Weitere Quellen sind unter anderem externe Quellen, wie Wetterdaten und Währungskurse oder auch E-Mails samt Anhängen. Diese Daten kann man dann, wie bereits bei Variety beschrieben, in verschiedenen Formen unterscheiden.

2. Speicherung: Nachdem die Daten am Ursprungsort erfasst worden sind, folgt die Speicherung dieser Daten. Die Speicherung erfolgt in sogenannten Data Warehouses, worauf jeder dafür berechtigte Mitarbeiter jederzeit Zugriff hat.[140] Damit alle beteiligten Unternehmen Zugriff auf die Daten haben, wird ein sogenanntes Industrial Data Space genutzt. Die Daten können untereinander weitergegeben werden. Gleichzeitig behalten die Unternehmen aber das Selbstbestimmungsrecht über die Daten. Sie können also festlegen, wer die Daten nutzen darf und zu welchem Zweck derjenige sie benutzt.[141]

3. Datenverarbeitung: In der Datenverarbeitung werden wichtige und unwichtige Daten voneinander getrennt. Die wichtigen Daten, die zur Entscheidungsfindung bedeutend sind, werden verdichtet und zusammengefasst. Durch intelligente Analysemethoden lassen sich im nächsten Schritt die benötigten Informationen herausfiltern, miteinander verknüpfen und Handlungen zuordnen. Anschließend werden die Daten durch Methoden, wie z.B. Data Mining, „verfeinert", um sie zur Automatisierung von Prozessen verwerten zu können. Dabei ist eine dauerhafte Kontrolle der Datenströme und -bestände in Echtzeit notwendig, um Muster zu entschlüsseln.

---

[138] Vgl. Steven (2019), S. 74.
[139] Vgl. Hesseler/Görtz (2014), S. 6.
[140] Vgl. Steven (2019), S. 75.
[141] Vgl. Otto (2018), S. 116.

4. Datennutzung: Im letzten Schritt steht die effiziente Nutzung der generierten Informationen im Mittelpunkt. Gegebenenfalls können diese Daten an interne und externe Partner, unter selbstbestimmten Zwecken, weitergeleitet werden.[142] Ein Beispiel für die Ausschöpfung des Potentials von Big Data sind Anbieter wie TomTom oder Google, die Verkehrsmeldungen in Echtzeit zur Verfügung stellen. Die Fahrzeuge sind entweder mit der Software des Anbieters vernetzt oder sie empfangen den aktuellen Standort der Fahrzeuge über die Mobiltelefone. Wenn diese unzähligen Daten verarbeitet und ausgewertet sind, kann man anhand dieser erkennen, an welchen Orten das Straßennetz ausgelastet ist. Mit diesen Informationen lässt sich dann die Ankunftszeit berechnen oder eine abweichende Route ermitteln.[143]

3.3.2 Internet der Dinge und Dienste

Der Begriff Internet der Dinge bzw. Internet of Things wurde von verschiedenen Forschern des MIT erstmals gegen Ende der 90er Jahre verwendet.[144] Unter dem Internet der Dinge versteht man die Verknüpfung von physischen Objekten[145] und Alltagsgegenständen, wie z.B. Autos, jeglichen Konsumgütern und Kleidungsstücken mit dem Internet[146], über das sie eigenständig miteinander kommunizieren. Ein Beispiel dafür wären Heizung und Beleuchtung in der Wohnung, die sich automatisch anhand ihrer gespeicherten Informationen über die Umwelt an- und ausschalten können. Sie zeichnen sich also auch dadurch aus, dass sie lernfähig sind und Muster erkennen können.[147] Ermöglicht wird dies durch Mikroprozessoren, die über Funk miteinander kommunizieren und in diesen Objekten mit verarbeitet werden. Dadurch können sie, wie im Beispiel erläutert, aufgrund entsprechender Sensoren ihre Umwelt wahrnehmen, die gewonnenen Informationen speichern und verarbeiten, mit anderen Objekten kommunizieren und auch selbst Handlungen ausführen.[148] Diese Mikroprozessoren werden als sogenannte Embedded Systems bezeichnet. Durch den Einbau von Embedded Systems werden ursprünglich

---

142 Vgl.{Steven (2019), S. 75f.
143 Vgl. dsb., S. 77.
144 Vgl. Horvath (2012), S. 1.
145 Vgl. Grimm (2016), S. 1.
146 Vgl. Horvath (2012), S. 1.
147 Vgl. Grimm (2016), S. 1.
148 Vgl. Horvath (2012), S. 1.

„normale" Objekte zu intelligenten Objekten bzw. Smart Objects verwirklicht. Die innerhalb des Unternehmens stattfindende Kommunikation zwischen verknüpften Technologien wird mittels unterschiedlicher Funkschnittstellen ermöglicht.[149] Eine Möglichkeit ist die RFID-Technik. Sie arbeitet mit elektromagnetischen Wellen und ermöglicht es, dass Objekte oder auch Personen eindeutig und berührungslos erkannt werden.[150] Damit dies geschehen kann, muss an dem zu identifizierenden Objekt ein Transponder angebracht sein, damit das Lesegerät das Objekt oder die Person identifizieren kann.[151] Unterscheiden kann man bei der RFID-Technik zwischen aktiven und passiven Transpondern. Für das Internet der Dinge ist der aktive Transponder von größerer Relevanz, denn aktive Transponder arbeiten mit ihrer eigenen Energiequelle. Die RFID-Technik ermöglicht es den Unternehmen, die Sendung mit Paletten und Containern zu verfolgen, die Temperatur zu überwachen oder das Tracking von Lieferungen. Eine weitere Möglichkeit ist die Interaktion über WLAN-Netze. Zum Beispiel können fahrerlose Transportsysteme über die WLAN-Netze zu ihrem Bestimmungsort gesteuert werden oder über die Datenbrillen direkt die ermittelten Daten abstimmen.[152] Das heutige Internet der Dinge lässt sich anhand 3 neuer Qualitäten identifizieren: Die erste Qualität zeichnet sich dadurch aus, dass die IT-Technik ubiquitär wird, d.h. es können sich überall intelligente Objekte befinden. Außerdem wird die Technik weitestgehend aus unserer Wahrnehmung verschwinden, d.h. sie wird quasi unsichtbar. Und drittens werden die Objekte autonom handeln können, sprich ohne menschlichen Eingriff.[153] Schätzungen zufolge werden bis 2020 rund 100 Milliarden Gegenstände miteinander vernetzt sein.[154]

Das Internet der Dienste ermöglicht es, dass Dienstleistungen über das Internet zur Verfügung gestellt werden können. Diese Dienstleistungen können weltweit angeboten, genutzt und nachgefragt werden.[155] Für Dienstangebote im Internet unterscheidet man zurzeit zwischen 3 verschiedenen Ebenen: Infrastructure as a Service (IaaS), Plattform as a Service (PaaS) und Software as a Service (SaaS).[156] Diese 3

---

149 Vgl. Steven (2019), S. 79f.

150 Vgl. Overmeyer (2005), S. 2.

151 Vgl. Kern (2007), S. 33.

152 Vgl. Steven (2019), S. 80f.

153 Vgl. Horvath (2012), S. 1.

154 Vgl. Andelfinger/Hänsisch (2015), S. 9.

155 Vgl. Buxmann/Hess/Ruggaber (2009), S. 393.

156 Vgl. Weiner/Renner/Kett (2010), S. 12.

Ebenen fallen unter den Begriff des Cloud Computing. Unter Cloud Computing versteht man das Outsourcing von Anwendungen, Daten oder Softwarediensten ins Internet[157], was sich als effektiv und kostengünstig herausstellt, da sie auf spezialisierte Unternehmen übertragen werden, die diese Dienstleistungen anbieten.[158] Diese Dienste müssen auf Abruf und nach Bedarf erhältlich sein.[159] Neben den unternehmensinternen Private Clouds etabliert sich die Nutzung von Public Clouds. Diese können als gemeinsamer Datenspeicher genutzt werden, bei denen die Beteiligten einer Wertschöpfungskette die benötigten Daten untereinander teilen können. IaaS ist die unterste Ebene des Cloud-Computings. Der Anbieter stellt dem Kunden einen Zugang zur Datenspeicherung und Rechenleistung der Hardware zur Verfügung. Dadurch muss der Kunde keine zusätzlichen Kosten aufwenden, sondern kann flexibel auf den Service des Dienstleisters zurückgreifen und muss nur für den tatsächlichen Gebrauch bezahlen.[160] Ein Beispiel für eine IaaS-Dienstleistung ist die „Amazon Elastic Compute Cloud".[161] Die mittlere Ebene bildet das PaaS und richtet sich an Entwickler.[162] In diesem Fall wird eine Plattform mit einer Entwicklungsumgebung bereitgestellt, in der die Nutzer ihre Anwendung ausführen oder entwickeln können. Der Cloud-Nutzer hat die Möglichkeit die frei verfügbaren Konfigurationseinstellungen zu ändern, hat aber weder Zugriff noch Kontrolle auf das Betriebssystem.[163] Die oberste und letzte Ebene stellt die SaaS dar. Der Dienstleister stellt die vom Kunden geforderte Software zusätzlich zur Verfügung.[164] Der Kunde muss die Software nicht installieren, sondern kann diese Anwendung verwenden, indem er im Internet eine bestimmte Seite besucht. E-Mail-Lösungen oder Office-Lösungen gehören unter anderem dazu.[165] Auch hier erfolgt die Abrechnung nach der tatsächlich in Anspruch genommenen Leistung.[166]

---

[157] Vgl. Steven (2019), S. 82, Meir-Huber (2011), S. 11.

[158] Vgl. Steven (2019), S. 83.

[159] Vgl. Baun u.a. (2010), S. 4.

[160] Vgl. Steven (2019), S. 82f.

[161] Vgl. Meir-Huber (2011), S. 25.

[162] Vgl. Baun u.a. (2010), S. 35.

[163] Vgl. Biebl (2012), S. 25.

[164] Vgl. Steven (2019), S. 84.

[165] Vgl. Meir-Huber (2011), S. 28.

[166] Vgl. Steven (2019), #19: 84}.

3.3.3 Cyberphysische Systeme

Wie bereits in Kapitel 3.1 erwähnt, bilden cyberphysische Systeme, die die digitale und physische Welt miteinander verbinden, die Grundlage einer intelligenten Fabrik. Eine allgemein anerkannte Definition von CPS gibt es allerdings nicht.[167] Das Glossar des VDI/VDE GMA Fachausschuss 7.21 „Industrie 4.0" und des VDI GMA Fachauschuss 7.20 „Cyber Physical Systems" gibt folgende Erläuterung zu dieser Begrifflichkeit: „System, das reale (physische) Objekte und Prozesse verknüpft mit informationsverarbeitenden (virtuellen) Objekten und Prozessen über offene, teilweise globale und jederzeit miteinander verbundene Informationsnetze."[168] Der Aufbau eines CPS (s. Abbildung 4) setzt sich aus den Komponenten Sensoren, Prozessor, Aktoren und Kommunikator zusammen.[169]

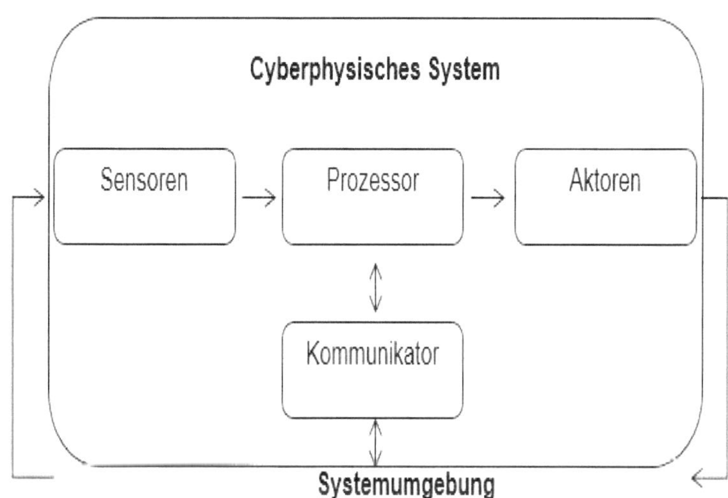

Abbildung 3: Aufbau eines CPS
Quelle: Eigene Darstellung in Anlehnung an Steven (2019), S.85.

---

167 Vgl. VDI/VDE-Gesellschaft (2013), S. 2.
168 Fraunhofer-Institut für Optronik, Systemtechnik und Bildauswertung (o.J.), o.S.
169 Vgl. Steven (2019), S. 84.

Mittels Sensoren können physikalische Daten erfasst, ausgewertet und gespeichert werden und für den Prozessor zur Verfügung gestellt werden. Diese Daten werden aus der Systemumgebung ermittelt. Die Prozessoren senden anschließend ein Ausgangssignal, wodurch die Aktoren diese Signale in eine Bewegung oder physikalische Größe (z.B. Temperatur oder Druck) ausführen. Die in Kapitel 3.3.2 kurz erwähnten Embedded Systems agieren im CPS als Prozessoren. Unter Embedded Systems versteht man programmierbare Minicomputer, die in ein physisches Objekt integriert werden. Dabei übernehmen sie die Aufgaben der Steuerung, Überwachung und Datenverarbeitung. Sie beherrschen die Fähigkeit, die von den Sensoren übermittelten Informationen auszuwerten und situativ Entscheidungen zu treffen. Durch die Kommunikatoren entsteht eine Verzahnung des CPS und der Systemumgebung. Eine Kommunikation kann sowohl zwischen zwei Maschinen aber auch zwischen Mensch und Maschine hergestellt werden. Ein Beispiel ist die Einparkhilfe, die in vielen Autos eingebaut ist. Durch Sensoren in den Stoßstangen, die durch den Rückwärtsgang aktiviert werden, kann die Entfernung zu Objekten im Erfassungsbereich gemessen werden. Wird die Entfernung, z.B. zu einer Wand unterschritten, wird durch die Software (Embedded System) ein Signal ausgelöst, das dem Fahrer signalisiert, dass er sich in einer kritischen Entfernung zum erfassten Objekt befindet. Die Signale können dabei sowohl akustisch als auch optisch erfolgen.[170] CPS ermöglicht eine neue Stufe der Dezentralität. Als Unterstützung dient dabei das cyberphysische Produktionssystem (CPPS). Dadurch lässt sich einerseits nicht nur die Organisation dezentralisieren, sondern andererseits auch Dienste, Software oder Objekte der Fabrik. Diese können untereinander verknüpft werden und damit eine neue Stufe der Dezentralisierung und Autonomie erreichen.[171]

Die wichtigsten Anwendungsbereiche von CPS stellt die Abbildung 5 dar:

Eine intelligente Fabrik zeichnet sich dadurch aus, dass sie sich mit Unterstützung der CPS dezentral selbständig organisieren kann und die Daten in Echtzeit zur Verfügung gestellt bekommt. Dadurch ist es möglich, dass sich virtuelle und reale Welt vereinen lassen.[172] In einer smarten Fabrik können smarte Produkte hergestellt werden. Sie umfassen neben der physischen Komponente (mechanische und elektrische Bauteile) noch die intelligenten (Sensoren, Aktoren, Mikroprozessoren etc.)

---

[170] Vgl. Steven (2019), S. 85.
[171] Vgl. Bauernhansl (2014), S. 17.
[172] Vgl. Bauernhansl (2014), S. 16.

und vernetzenden Komponenten.[173] Diese Produkte können während des Herstellungsprozesses mit dem Fertigungssystem und anderen intelligenten Produkten kommunizieren und sich damit selbständig durch den Herstellungsprozess steuern. Außerdem eröffnet dies Unternehmen die Möglichkeit smarte Services anzubieten. Unter smart Services versteht man digitalisierte und intelligente Dienstleistungen. Diese können über das Internet dezentral aufgerufen werden.[174]

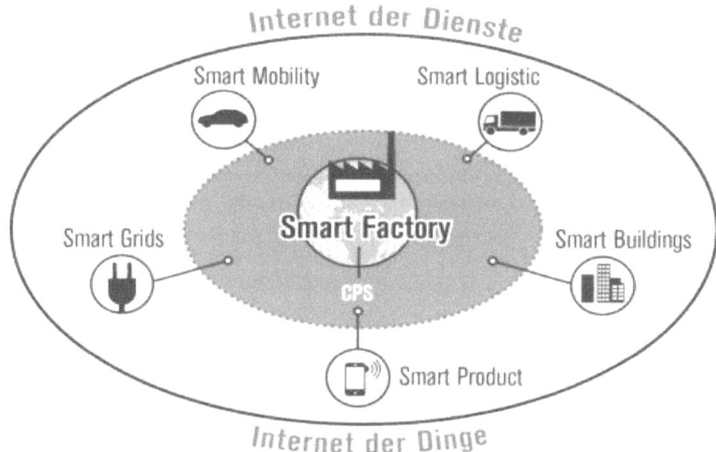

Abbildung 4: Anwendungsbereiche von cyberphysischen Systemen
Quelle: Forschungsunion/acatech (2013), S. 23.

3.4 Potenziale und Herausforderungen im Rahmen der Digitalisierung

Nachdem in den vorherigen Kapiteln über die Technologien und die Entwicklung der Digitalisierung geschrieben wurde, sollen nun folgend die Potenziale und Herausforderungen im Rahmen der Digitalisierung gegenübergestellt werden.

3.4.1 Potenziale

Im Zuge der Digitalisierung können Unternehmen ihre Arbeitsproduktivität erhöhen, da die Digitalisierungstechnologien die Beschäftigten bei ihrer Arbeit unterstützen. Daraus resultierend können anschließend höhere Gehälter gezahlt oder

---

[173] Vgl. Obermaier (2016), S. 24.
[174] Vgl. Steven (2019), S. 87.

eine höhere Beschäftigung erzielt werden.[175] Demnach bedeutet eine zunehmende Digitalisierung nicht automatisch, dass die Gesamtbeschäftigung negativ verlaufen wird.[176] Auch aus dem Grund, dass durch die neuen Technologien wie Smart Data neue Dienstleistungen sowie Geschäftsmodelle und somit neue Arbeitsplätze entstehen können. Zudem kann durch Assistenzsysteme das Renteneintrittsalter erhöht werden, da den älteren Mitarbeitern das Arbeiten erleichtert wird. Ein weiteres Potenzial ist die effizientere Nutzung von Ressourcen und die damit einhergehende umweltfreundlichere Produktion. Denn durch Start-Stopp-Funktionen kann der Energieverbrauch bei Maschinen reduziert, in der Logistik Routen optimierter gestaltet sowie der Ausschuss durch frühzeitige Fehlerermittlung gemindert werden.[177] Ein weiteres Potenzial der Digitalisierung kann die erhöhte Qualität der Arbeitsbedingungen sein. Durch Augmented Reality lassen sich Prozesse innerhalb der Fertigung verbessern.[178] Mit diesem Verfahren lässt sich die reale Welt mit der virtuellen Welt verknüpfen. Somit können notwendige Informationen (z.B. Abbildungen, Textinformationen oder Warnhinweise) oder Objekte zusätzlich in dem erfassten Bild von der realen Welt angezeigt werden.[179] Es wird vor allem dann eingesetzt, wenn die real existierenden Arbeitsbedingungen für Menschen zu gefährlich oder zu weit entfernt sind. Zur Hilfe wird ein Roboter eingesetzt, der mittels Datenbrillen, Datenanzügen etc. vom Arbeitsplatz des Mitarbeiters gesteuert wird.[180]

3.4.2 Herausforderungen

Da eine selbst reparierende und selbst konfigurierbare Fabrik in absehbarer Zukunft nicht realistisch ist, braucht es qualifizierte Mitarbeiter, um eine intelligente Fabrik zu betreiben. Mitarbeiter müssen dementsprechend qualifiziert sein, um bei Störungen und technischen Problem eingreifen und die Anlage oder Maschine schnellstmöglich reparieren zu können. Professor Bauernhansl geht daher davon aus, dass das Qualifikationsniveau in den nächsten 20-30 Jahren ansteigen wird und es für niedrig qualifizierte Beschäftigte keine Jobs mehr geben wird[181], denn

---

175 Vgl. OECD Social (2016), S. 24.
176 Vgl. Arnold u.a. (2016), S. 3.
177 Vgl. Kagermann (2017), S. 239f.
178 Vgl. Steven (2019), S. 88.
179 Vgl. Markgraf (2018), o.S.
180 Vgl. Steven (2019), S. 88.
181 Vgl. Spath (2013), S. 124f.

das Automatisierungspotenzial unter Geringqualifizierten fällt höher aus als bei höher qualifizierten Beschäftigten. Daher ist es für die Mitarbeiter umso wichtiger, dass sie sich stetig weiterbilden.[182] Die größte Herausforderung bzw. das größte Risiko stellen für die kleinen und mittleren Unternehmen (KMU) Cloud-Lösungen dar. Laut einer Studie aus dem Jahr 2015, bei der 2300 KMU im Raum Dresden befragt wurden (letztendlich aber nur 239 auswertbare Fragebögen zurückkamen, was einer Rücklaufquote von 10,5% entspricht), antworteten 52,8%, dass cloudbasierte Lösungen das größte Risiko für sie darstellen. Diese Zahl kommt deshalb zustande, weil die Sicherheit der Unternehmensdaten nicht gegeben ist. Geschäftsbedeutende Dokumente oder Pläne liegen meist in digitaler Form vor und die Möglichkeit eines Diebstahls wäre für die Unternehmen nicht tragbar.[183] Durch den Gebrauch von CPS und mobilen Geräten in einer Fabrik, sind Unternehmen einem steigenden Risiko von Hackerangriffen ausgesetzt. Da heutzutage eine Vielzahl von Geräten miteinander vernetzt und miteinander vernetzbar sind, steigt das Risiko einer Fernsteuerung von Maschinen, Produkten und Geräten, da diese eine eingebettete Software verbaut haben. Mit der zunehmenden Digitalisierung wird auch dieses Thema für die Unternehmen immer wichtiger. Dieses Gefahrenpotenzial, selbst bei großer Vorsicht, zu akzeptieren, stellt die Herausforderung dar.[184]

---

[182] Vgl. Arnold u.a. (2016), S. 6f.
[183] Vgl. Leyh/Bley (2016), S. 32ff.
[184] Vgl. Sendler (2016), S. 63.

4 Lean Management und Digitalisierung

Um eine entsprechende Antwort auf die Problemstellung dieser Bachelorarbeit zu bekommen, erfolgt in diesem Kapitel, basierend auf den bisher gewonnenen Erkenntnissen, eine Analyse über die Veränderungen der Bausteine von Lean Management im Zuge der fortschreitenden Digitalisierung, die in Kapitel 2 definiert wurden. Dabei werden theoretische Analysen und Praxisbeispiele miteinander verbunden. Abschließend folgt eine Beurteilung, inwieweit sich das Lean Management durch die Digitalisierung verändert. Die Beurteilung erfolgt nach folgendem Schema (s. Tabelle 1):

Beurteilung	Veränderungsgrad	Bedeutung
0	keine Veränderungen	Keinen Einfluss auf die Methoden und Prinzipien
+	Schwache Veränderungen	Digitalisierungstechnologien haben nur zu einem kleinen Teil Einfluss auf die untersuchte Methode
++	Große Veränderungen	Digitalisierungstechnologien haben großen Einfluss auf die untersuchte Methode

Tabelle 1: Beurteilungsschema
Quelle: Eigene Darstellung

4.1 Unterstützung der Lean-Prinzipien durch Digitalisierung

Wie in Kapitel 2.3 erläutert, setzen sich die Prinzipien aus 5 Schritten zusammen: Spezifikation des Wertes, Identifikation des Wertstroms, Flow des Stroms, Pull des Wertes sowie das Streben nach Perfektion. Durch die Digitalisierung können diese 5 Prinzipien verbessert bzw. unterstützt werden.

Die Spezifikation des Wertes wird aus der Kundensicht definiert. Der Kunde steht nach wie vor im Mittelpunkt der unternehmerischen Tätigkeiten. Daran wird sich auch mit der Digitalisierung nichts ändern. Allerdings ermöglicht die Digitalisierung den produzierenden Unternehmen stärker auf spezielle Kundenwünsche einzugehen, auch wenn die Individualisierung mit der Zeit weiter ansteigen wird. Denn durch die Digitalisierungstechnologien wie Big Data, CPS oder dem Internet der Dinge und Dienste wird es möglich sein, dass die individualisierten Produkte in der Massenproduktion hergestellt werden können, ohne dass die Unternehmen dabei wirtschaftliche Nachteile generieren. Ein weiterer Punkt ist, dass sich die Werkstücke und Aufträge über RFID-Chips, internen und externen Netzwerken sowie über IT-Adressen selbständig durch den Fertigungsprozess steuern lassen. Das heißt, dass sie jederzeit lokalisierbar sind, ihren Fertigungsstatus kennen und zu jeder Zeit identifizierbar sind. Außerdem kennen sie verschiedene Wege, um den Endzustand zu erreichen. Durch diese Flexibilität ist es möglich, dass auf kurzfristige Änderungswünsche des Kunden zeitnah reagiert werden kann.

Durch die Digitalisierung lässt sich in einer smarten Fabrik auf Basis von CPS der Wertstrom über die Unternehmensgrenzen hinweg effizienter gestalten. Der Grund dafür ist, dass Informationen in Echtzeit, durch Vernetzung von Maschinen, Anlagen sowie aller vor- und nachgelagerten Unternehmensaktivitäten, untereinander ausgetauscht werden können. Dadurch kann auf eventuell auftretende Probleme möglichst schnell reagiert werden.

Hinsichtlich des Flussprinzips können intelligente Produkte dazu beitragen, dass sie für sich selbst den besten Wertstrom definieren, der dadurch gekennzeichnet ist, dass er möglichst wenige Unterbrechungen hat. Daraus ergibt sich, dass die intelligenten Produkte selbststeuernd ihren Weg durch den Fertigungsprozess durchlaufen. Der Bullwhip-Effekt (Verstärkung der Nachfrageschwankungen einer Lieferkette, die umso größer werden, wenn die Partner einer Lieferkette vom Endkunden weit entfernt sind)[185] wird durch die direkte Vernetzung von Kunden und Lieferanten sowie durch die dadurch entstehenden kürzeren Entscheidungsprozesse minimiert. Außerdem wird das Flussprinzip durch ein digitales Abbild der Abläufe unterstützt.

Bei dem Pull-Prinzip wird man diskutieren müssen, ob es in einer intelligenten Fabrik seine Notwendigkeit findet. Denn im Rahmen der Digitalisierung und einer intelligenten Fabrik verschiebt sich die zentrale Planung hin zu einer dezentralen Planung und Steuerung. Mittels Ad-hoc-Planung und Steuerung können Auftragsabstimmungsprozesse auf kurzen Wegen gefällt werden. Ein weiterer Mehrwert ist, dass die Bestände durch eine steigende Transparenz in den Prozessen und der direkteren Verbindung innerhalb der Supply Chain verringert werden können.

Das Streben nach Perfektion (oder auch: kontinuierliche Verbesserung, Kaizen) wird auch weiterhin ein wichtiger Faktor für die Unternehmen sein. Was bisher von den Menschen geleistet wurde, wird im Zuge der Digitalisierung durch intelligente Maschinen, Anlagen und Assistenzsysteme erweitert. Diese können untereinander kommunizieren, Informationen austauschen und sich stetig optimieren.

---

[185] Vgl. Syska (2006), S. 34.

Dadurch können die herzustellenden Produkte immer mehr nach den Vorstellungen des Kunden gefertigt und Verschwendung von Zeit, Kosten und Arbeit vermieden werden. Assistenzsysteme können den Arbeiter dabei unterstützen komplexe Sachverhalte verständlich darzustellen und somit die Komplexität zu reduzieren.[186] Infolgedessen kann die kontinuierliche Verbesserung direkt vor Ort durchgeführt werden. Sei es durch den Arbeiter oder durch die intelligenten Maschinen, Anlagen und Assistenzsysteme, die Verbesserungen aufzeigen.

Beurteilung: Die Lean-Prinzipien werden sich durch den Einfluss von Digitalisierungstechnologien weitesgehend verändern. Die bedeutendste Veränderung lässt sich jedoch beim kontinuierlichen Verbesserungsprozess erkennen. Dadurch, dass sich komplexe Situationen reduzieren lassen und es möglich gemacht wird, diese für den Arbeiter vereinfacht darzustellen, kann der Arbeiter auch über komplexe Sachverhalte Maßnahmen treffen, um den kontinuierlichen Verbesserungsprozess fortzuführen. In der Konsequenz bedeutet dies, dass sich auch der Maßstab an das Streben nach Perfektion ändern wird. Eine weitere Veränderung, die nennenswert ist, ist die selbständige Steuerung der Produkte durch den Fertigungsprozess. Dadurch lässt sich kurzfristig nicht nur auf Veränderungen der Kundenanforderungen reagieren, sondern auch auf weitere externe Faktoren wie die Anforderungen an bestimmte Produkte. Diese Flexibilität wirkt sich wiederum auch auf das Streben nach Perfektion aus. Aus den genannten Gründen und der Tatsache, dass bei den übrigen Prinzipien keine große Veränderung festzustellen ist, wird die Veränderung der Lean-Prinzipien mit **+** bewertet.

4.2 Veränderung des Kanban im Zusammenhang mit der Digitalisierung

Eine Entwicklung von Kanban im Zusammenhang mit der Digitalisierung stellt das sogenannte elektronische Kanban (e-Kanban) dar. Das e-Kanban orientiert sich, wie beim normalen Kanban, am Kundenbedarf. Der Unterschied hier ist, dass das Kanban elektronisch von einem System unterstützt wird.[187] Eine zentrale Steuerung ist somit nicht notwendig.[188] Beim e-Kanban entfällt der Kartenrücklauf. Der Nachschub wird durch das Scannen des Barcodes am Behälter ausgelöst. Mittels electronic data interchange (EDI) werden die entsprechenden Stellen kontaktiert, die unmittelbar für Nachschub sorgen müssen. Anschließend wird der

---

[186] Vgl. Roy/Mittag/Baumeister (o.J.), o.S., Steven (2019), S. 113ff. und Hofmann (2017), S. 39f.
[187] Vgl. Wildemann (2008), S. 22.
[188] Vgl. Spath (2013), S. 103.

wiederaufgefüllte Behälter an die Bedarfsstelle gesendet, welche diesen scannt und somit den Empfang quittiert.[189] Der gesamte Kanban-Prozess kann mittels grafischer Kanban-Tafeln überwacht werden und schafft somit eine Transparenz und Verfolgbarkeit.[190] Der Vorteil des e-Kanban ist, dass der Prozess ohne Papier bzw. Zettel stattfinden kann und die Wiederbeschaffungszeiten sich verkürzen.[191] Außerdem sind die Prozesse standardisiert, die Handhabung einheitlich und der administrative Aufwand kann gesenkt werden, was den Produktionsarbeitern die Arbeit erleichtert.[192]

Eine weitere Transformation des Kanban kann durch den Einsatz von RFID-Technologien entstehen. Bei dieser Variante des Kanban werden die Kanban-Behälter mit RFID-Tags ausgestattet.[193] Dadurch können die Behälter oder Karten vollständig automatisch ausgelesen werden. Durch die RFID-Technologie wird der Prozess automatisiert, so dass keine Interaktion mit dem Mitarbeiter notwendig ist. Die Tags melden den Status „Voll" oder „Leer", wodurch die Nachversorgung gewährleistet wird.[194] Im Gegensatz zum e-Kanban ist es über RFID-Lösungen möglich die Bestände in Echtzeit an ein Leit- und Steuerungssystem zu übermitteln, was eine Erhöhung der Transparenz und Reduzierung der Reaktionszeit zur Folge hat.[195] Als Beispiel dienen hier intelligente Lösungen im C-Teile Bereich (z.B. Schrauben) der Firma Würth Industrie Service GmbH, wie z.B. eine intelligente Palettenbox namens iBox oder aber auch ein intelligenter Behälter namens iBin.[196]

---

189 Vgl. Gudehus (2006), S. 159.
190 Vgl. Dickmann (2009), S. 430.
191 Vgl. Gudehus (2006), S. 159.
192 Vgl. Dickmann (2009), S. 430.
193 Vgl. Neumann (2006), S. 73, Schmidt-Eisenlohr (2007), S. 105.
194 Vgl. dsb., S. 73.
195 Vgl. „RFID-Technologie macht Kanban-Systeme leistungsfähiger. Besser funken als Karten lesen" (2014), o.S.
196 Vgl. Würth Industrie Service GmbH & Co. KG (o.J.), o.S.

Die Palettenbox wird in unmittelbarer Nähe des Kanban-Regals platziert. Nachdem die leeren Kanban-Behälter in die Palettenbox gelegt wurden, werden automatisch Daten an die Würth Industrie Service GmbH übermittelt. Dadurch kann der richtige Artikel in der richtigen Menge am richtigen Ort und zum richtigen Zeitpunkt in der Fertigung zur Verfügung gestellt werden.[197]

Der iBin kann als optisches Bestellsystem angesehen werden. Er verfügt über eine integrierte Kamera, die Füllstands-, Zähl- und Bestellinformationen generiert.[198] Entnimmt man ein Kleinteil aus dem Behälter, berechnet ein im Behälter integriertes intelligentes Modul die prozentual verbleibende Menge.[199] Die automatische Nachbestellung erfolgt anschließend mittels RFID-Technologie[200], noch bevor ein tatsächlicher Bedarf beim Kunden besteht. So schafft es der iBin den Gesamtprozess in Echtzeit zu synchronisieren und transparent zu gestalten, aber gleichzeitig auch die Kosten zu senken.[201] Verknüpft man den iBin mit einem sogenannten zellularen Transportsystem, kann der iBin selbständig das Transportsystem anfordern. Somit schafft man es, durch dezentrale Steuerung „nach dem Prinzip des Internet der Dinge durch den Einsatz von Multi-Agenten-Software"[202], automatisch für Nachschub zu sorgen und den intelligenten Behälter eigenständig seine Aufgaben erledigen zu lassen.[203] Ein Beispiel für ein zellulares Transportsystem ist der Multishuttle Move. Die Fahrzeuge bewegen sich in der Produktionshalle frei, können sowohl unter das Regal fahren als auch durch Kommissioniergassen und steuern dabei ihre Ziele mit der kürzesten Route direkt an.[204] Zudem können die Fahrzeuge über Funk (WLAN) miteinander kommunizieren und sich gegenseitig in Bezug auf Routenfindung und Auftragsdisposition abstimmen.[205] Sie sollen die fest installierten Stetigförderer, wie z.B. die Rollenbahn, ersetzen.[206]

---

[197] Vgl. Würth Industrie Service GmbH & Co. KG (2011), S. 2.

[198] Vgl. Günthner/Klenk/Tenerowicz (2017), S. 107.

[199] Vgl. Würth Industrie Service GmbH & Co. KG (o.J.), o.S.

[200] Vgl. Günthner/Klenk/Tenerowicz (2017), S. 107.

[201] Vgl. Hoffmann (2016), S. 52.

[202] Fraunhofer-Institut für Materiafluss und Logistik IML (o.J.), S. 3.

[203] Vgl. Günthner/Klenk/Tenerowicz (2017), S. 107.

[204] Vgl. Fraunhofer-Institut für Materiafluss und Logistik IML (o.J.), o.S.

[205] Vgl. Fraunhofer-Institut für Materialfluss und Logistik IML (o.J.), S. 3.

[206] Vgl. Fraunhofer-Institut für Materialfluss und Logistik IML (o.J.), S. 34.

Beurteilung: Durch die fortschreitende Digitalisierung und den damit einhergehenden neuen Technologien wird sich das Kanban nachhaltig weiterentwickeln und entscheidend verändern. Durch intelligente Behälter und Transportsysteme wird ein selbständiges Handeln der intelligenten Objekte ermöglicht. Sie haben die Möglichkeit sich selbst zu orten und untereinander zu kommunizieren sowie sich abzustimmen. Ein weiterer Mehrwert der Weiterentwicklung von Kanban durch die Digitalisierung ist die verkürzte Zeit für die Nachversorgung der entsprechenden Bereiche. Demnach sollen die intelligenten Objekte den Arbeiter bei seiner Aufgabe unterstützen. Durch automatische Nachbestellungen, Echtzeitverfolgung und selbständige Kommunikation der intelligenten Behälter und Transportsysteme kann der Arbeiter sich auf seine Aufgabe konzentrieren und muss sich nicht um die Nachschubversorgung oder ähnliche Dinge kümmern. Auf Basis dieser Erkenntnisse kann hier demzufolge eine große Veränderung des Kanban, als Baustein des Lean Managements, gesehen werden. Aus diesem Grund wird für die Veränderung des Kanban im Zusammenhang mit der Digitalisierung eine Beurteilung von **++** vergeben. Das Kanban unterliegt demnach einer großen Veränderung.

4.3 Veränderung des Poka Yoke im Zusammenhang mit der Digitalisierung

Wie bereits in der Einleitung erwähnt, werden im Zuge der Digitalisierung die individuellen Kundenanforderungen weiter zunehmen. Durch die wachsenden Modellpaletten und Variantenzahlen steigt zunehmend die Komplexität in der Entwicklung, dem Vertrieb und unter anderem auch in der Produktion. Die Beherrschung dieser Komplexität ist für viele Unternehmen eine Herausforderung geworden und bringt hohe Kosten mit sich.[207] Dadurch steigt folglich auch die Gefahr eines Fehlers durch die zuständigen Arbeiter, da die große Anzahl an Varianten zu einer Verwirrung jener Arbeiter führen können. Neben der großen Anzahl an Varianten, die zu möglichen Fehlern führen können, kann auch die Ähnlichkeit zwischen den gegebenen Varianten zu einer fehlerhaften Produktion seitens des Arbeiters führen.[208] Während anfangs durch technische Vorrichtungen die Fehler vermieden wurden[209], sind es in einer intelligenten Fabrik intelligente Lösungen, die den Mitarbeiter durch den Produktionsprozess führen und somit die

---

[207] Vgl. Lindemann/Baumberger (2006), S. 7f.
[208] Vgl. Buchholz/Souren/Gelbrich (2012), S. 268.
[209] Vgl. Appenzeller/Köbler (2015), S. 63.

Fehlerwahrscheinlichkeit senken. Einige dieser unterstützenden Lösungen werden schon heutzutage in den Produktionszentren eingesetzt. Beispiele dafür findet man bei der Kommissionierung. Dazu zählen Pick-by-Voice oder auch Pick-by-Light. Bei dem Pick-by-Voice System wird dem zu kommissionierenden Arbeiter angesagt, welche Artikelnummer benötigt wird und die dazu benötigte Stückzahl genannt. Das Pick-by-Light Verfahren kennzeichnet dem Arbeiter den Entnahme-ort über Lichtzeichen.[210] Neben den bereits genannten Möglichkeiten kann der Arbeiter aus der Kommissionierung mit einem RFID-Lese-Handschuh durch den Arbeitsablauf navigiert werden. Der RFID-Handschuh unterstützt dabei lediglich die bereits vorgestellten Möglichkeiten (Pick-by-Voice, Pick-by-Light).[211] Möchte der Kommissionierer einen Artikel aus dem Lagerfach entnehmen, bewegt er den RFID-Handschuh in den Sende- bzw. Empfangsbereich des Transponders, der in die einzelnen Behälter integriert ist. Dadurch erfolgt eine automatische Bestätigung der Entnahme, ohne dass der Arbeiter die Entnahme selbständig bestätigen muss.[212] Eine richtige Entnahme wird durch ein positives Signal des RFID-Handschuhs begleitet. Das System geht anschließend selbständig zur nächsten Position des Kommissionierauftrags über. Entnimmt der Kommissionierer bspw. einen falschen Artikel ertönt ein Warnsignal, welches den Kommissionierer hierauf hinweist. In diesem Fall geht das System nicht automatisch zur nächsten Position über, da kein übereinstimmender SOLL-IST-Abgleich des Lagerplatzes ermittelt werden konnte.[213] Neben Pick-by-Light und Pick-by-Voice existieren 2 weitere Kommissionierverfahren, die den Arbeiter unterstützen sollen. Zum einem kann der Arbeiter durch das Pick-by-Vision System nach dem Prinzip der Augmented Reality unterstützt werden. Über ein sogenanntes head-mounted Display (HMD) werden dem Arbeiter virtuelle Informationen direkt in das Sichtfeld eingeblendet. Die virtuellen Informationen werden dabei kontextbezogen zur Verfügung gestellt, sprich in Abhängigkeit von Zeit, Ort und Auftragsstatus. Dem Kommissionierer wird es somit ermöglicht sich schnell im Kommissionierersystem zu orientieren. Der Vorteil dieses Systems besteht darin, dass der Kommissionierer beide Hände nutzen kann, um seine Aufgabe zu erledigen. Bei einem Pick-by-Vision System besteht die Möglichkeit Kameras in das HMD zu integrieren, die Fehler erkennen können. Dabei wird

---

[210] Vgl. Hippenmeyer (2016), S. 2.

[211] Vgl. Günthner/Wölfle (2011), S. 120.

[212] Vgl. dsb., S. 101.

[213] Vgl. dsb., S. 90.

40

der entnommene Artikel in die Kamera gehalten, die den Artikel aufgrund eines Codes identifizieren kann.[214] Das zweite Verfahren wird als Pick-by-Point System bezeichnet. Der zu kommissionierende Artikel wird anhand eines Lasers übertragen, welcher im Regalgang platziert ist. Dieser zeigt dem Kommissionierer, aus welchem Regalfach er den Artikel benötigt. Greift der zuständige Kommissionierer ins falsche Regalfach ertönt ein Warnsignal und signalisiert ihm so, dass er den falschen Artikel kommissionieren möchte.[215] Über Displays wird dem Kommissionierer die Anzahl der aufzunehmenden Positionen angezeigt.[216] Neuere Technologien, die noch getestet werden, sollen die Fähigkeiten der einzelnen Mitarbeiter mit den Fähigkeiten von intelligenten Assistenzsystemen bestmöglich kombinieren. Ein Beispiel dafür ist das sogenannte Laserprojektionssystem, das ein Leitsystem für Mensch und Roboter darstellt. Das Laserprojektionssystem fällt ebenfalls unter die Kategorie der Augmented Reality. Es besteht aus 8 Lasern und dient zur Darstellung von Formen, Markierungen und temporärer Objekte. Dadurch lassen sich Produktionseinrichtungen, Zustände oder auch Informationsflüsse virtuell darstellen, bevor diese existent sind. Roboter und auch Menschen können auf diese Weise mittels Laser-Pfeilen durch das Lager geführt werden.[217] Ein weiteres Beispiel ist ein intelligentes Armband namens Spin-Off MotionMiners. Dieses zeichnet sich dadurch aus, dass Bewegungen der Mitarbeiter mittels Sensoren, Beacon und Wearables anonym aufgezeichnet werden, so dass ein Rückschluss auf Personen nicht möglich ist. Das intelligente Armband zeichnet dabei Kennzahlen wie Weg- oder Greifzeiten oder auch ungesunde Bewegungen auf. Dadurch lassen sich anschließend Arbeitsbedingungen sowie -belastungen verringern und die Prozesszeiten und -abläufe optimal gestalten.[218]

Beurteilung: Durch die Verwendung von RFID-Technologien, Pick-by-Light, Pick-by-Voice, Pick-by-Vision, Pick-by-Point sowie weiterer Zukunftstechnologien können u.a. Fehler in der Produktion und Kommissionierung durch den Menschen auf ein Minimum reduziert werden. Wie am Anfang des Kapitels erwähnt, steigt die Komplexität, da die Anzahl der Varianten einen Zuwachs erfährt. Diese Herausforderung wird ebenfalls durch den Einsatz verschiedenster intelligenter Lösungen

---

[214] Vgl. Günthner/Klenk/Tenerowicz-Wirth (2017), S.116.
[215] Vgl. Fraunhofer-Institut für Materialfluss und Logistik IML (o.J.), S. 15.
[216] Vgl. Ehrlich/Engel (2018), S. 207.
[217] Vgl. Fraunhofer-Institut für Materialfluss und Logistik IML (o.J.), S. 11f.
[218] Vgl. dsb., S. 14.

zu bewerkstelligen sein. Die Anzahl der menschlichen Fehler wird auch in dem Fall gering sein, da die verschiedenen Technologien, wie z.B. der RFID-Handschuh, bei einem Fehler des Arbeiters ein Warnsignal abgeben. Das Spin-Off MotionMiners verhindert in erster Linie zwar nicht direkt die Fehler des Arbeiters, kann aber auf lange Sicht gesehen dazu beitragen, dass durch gesündere Bewegungen, optimale Arbeitsbedingungen und kürzeren Wegzeiten die Konzentrationsfähigkeit des Arbeiters erhöht wird und daher Fehler vermieden werden. Aufgrund der Tatsache, dass das Poka Yoke durch die intelligenten Lösungen optimiert wird, kann in diesem Fall von einem Poka Yoke 4.0 gesprochen werden. Die Veränderung des Poka Yoke ist signifikant und lässt die Unternehmen effizienter produzieren und den Arbeiter weniger Fehler begehen, weshalb eine Beurteilung des Veränderungsprozesses in diesem Fall von **++** vorgenommen wird.

4.4 Verschwendung durch Digitalisierungstechnologien minimieren

Die 7 bzw. 9 Verschwendungsarten wurden bereits in Kapitel 2.1.2 erläutert. Die Verschwendungsarten umfassen Überproduktion, Wartezeit, Transportwege, Lagerbestände, Arbeitsprozesse, Bewegungen und Fehler. Die 8. und 9. Verschwendungsart sind muri (z.Dt. Überbelastung) und mura (z.Dt. Unausgeglichenheit). In diesem Kapitel soll anhand einiger Verschwendungsarten gezeigt werden, wie sich Verschwendung durch Digitalisierung minimieren lässt.

4.4.1 Unnötige Transportwege und Bewegungen minimieren

In Kapitel 4.3 wurde das SpinOff MotionMiners erwähnt, welches Bewegungen der Arbeiter aufzeichnet. Dazu zählen neben ungesunden Bewegungen, die sich schlecht auf die Gesundheit auswirken, auch Weg- und Greifzeiten. Aufgrund dieser Technologie lassen sich die beiden Verschwendungsarten, die von Taichii Ohno definiert und identifiziert worden sind, vermeiden oder zumindest minimieren. Werden die Daten erfasst, lassen sie sich anschließend auswerten und somit Verbesserungsmöglichkeiten einleiten. Der Arbeiter muss schlussendlich für Werkzeug oder andere Gegenstände keine unnötigen Wegstrecken mehr laufen oder bei der Produktion ungesunde und unnötige Bewegungen ausführen. Dies steigert zum einen die Effizienz eines Betriebs und zum anderen die Gesundheit des einzelnen Arbeiters.

4.4.2 Wartezeiten durch intelligente Maschinen, Produkte und Brillen verkürzen

In einer intelligenten Fabrik können intelligente Produktionsanlagen und Produkte in Echtzeit Daten mit ihrem Umfeld austauschen. Intelligente Produktionsanlagen tauschen dabei den aktuellen Fertigungsstand und -ort sowie Daten zu Produktionsressourcen aus. Kommt es beispielsweise zu einer Störung an einer Anlage, können die intelligenten Produktionsanlagen die Aufträge auf andere Anlagen umlegen und die daraus resultierenden Instandhaltungsaufträge mit der Versorgung von Ersatzteilen optimieren. Intelligente Produkte können dabei mit der Produktionsanlage kommunizieren und den aktuellen Status der Fertigung mitteilen und anfordern. Vorausschauend lassen sich dadurch eventuell auftretende Engpässe in der Produktion erkennen und verhindern.[219] Der sofortige Abruf von aktuellen Informationen senkt die Wartezeiten und ermöglicht die Erledigung anderer Tätigkeiten.

4.4.3 Fehlerreduktion durch Digitalisierungstechnologien

Die Nachbesserung, Neuproduktion oder auch Reparatur sind keine wertschöpfenden Tätigkeiten und somit Verschwendung. Fehler sollten daher vermieden werden (s. Kapitel 2.1.2). Mit welchen Technologien Fehler vermieden werden können, wurde bereits ausführlich anhand von einigen Beispielen in Kapitel 4.3 erläutert und soll daher in diesem Kapitel nicht weiter ausgeführt werden.

4.4.4 Optimierung der Lagerbestände durch Echtzeitkommunikation und CPS

Eine Möglichkeit im Rahmen der Digitalisierung ist es, dass Unternehmen z.B. ihre Lagersysteme weltweit als CPS vernetzen. Dadurch entstehen neue Wertschöpfungsnetzwerke.[220] Schafft man es die gesamte Logistikkette in Echtzeit zu erfassen, so lassen sich unterschiedliche Verkehrsträger kombinieren und auf eventuelle Abweichungen schneller reagieren. Das Resultat daraus ist, dass sich die Lagerhaltung verringert.[221] Eine weitere Möglichkeit stellt die Überwachung von Maschinen und die Prognose von Ausfällen in der Zukunft dar, um Lagerbestände zu reduzieren.[222] Die letzte Möglichkeit, die in diesem Kapitel vorgestellt werden soll, ist ein autonomes Flugobjekt namens „InventAIRy". Es ist dem Bereich der CPS

---

[219] Vgl. Weber u.a. (2017), S. 269.

[220] Vgl. Denger u.a. (2014), S. 829

[221] Vgl. Brühl (2015), S. 86.

[222] Vgl. Kaufmann (2015), S. 20.

einzuordnen. Ziel ist unter anderem die Erhöhung der Transparenz. Die Steuerung und Navigation kann ohne Installation durchgeführt und somit flexibel eingesetzt werden. Zur Identifikation werden lediglich Barcodes oder RFID-Tags an den Objekten benötigt sowie ein Lagerverwaltungssystem. Neben der Inventurdurchführung soll es, wie bereits erwähnt, eine Erhöhung der Transparenz erzeugen. Dies soll durch häufigere Kontrollen und einer digitalen Informationsübermittlung an den Anwender geschehen. Dadurch erhält der Anwender die Möglichkeit, jederzeit den Lagerbestand zu überwachen und zu optimieren.[223]

Beurteilung: An den 5 Verschwendungsarten, die in diesem Kapitel analysiert wurden, lässt sich erkennen, dass durch verschiedenste Technologien in Zukunft eine Reduktion von Verschwendung optimiert werden kann. Durch diese Technologien ist es z.B. im Bereich des Lagerbestands und der Wartezeit möglich alle benötigten Informationen in Echtzeit zur Verfügung zu stellen. Außerdem ermöglichen intelligente Lösungen, wie z.B. das intelligente Armband, dass der Arbeiter indirekt unterstützt wird, indem es Bewegungen und Wege aufzeichnet. Einerseits wäre es möglich, dass durch solche Erkenntnisse zukünftige Arbeiter in den jeweiligen Unternehmensbereichen geschult werden können, um unnötige Wege oder ungesunde Bewegungen im Voraus zu vermeiden. Andererseits könnten im Rahmen der Fehlerreduktion auch Schulungen oder intensive Einarbeitungen entfallen. Durch Augmented-Reality oder verschiedenen RFID-Technologien ist es denkbar, dass solche Maßnahmen entfallen, da die verschiedensten Technologien den Arbeiter unterstützen und seine Arbeit vereinfachen. Da in dieser Analyse nur ausgewählte Verschwendungsarten untersucht wurden, diese aber bedeutend sind, und somit keine komplette Betrachtung auf die Veränderung der Verschwendungsarten vorgenommen werden kann, wird eine Beurteilung der Veränderung von + vorgenommen.

4.5 Effizientere Arbeitsplatzorganisation durch 5S und Digitalisierung

5S steht für, siehe auch Kapitel 2.4.3, Seiri (Sortieren), Seiton (Systematisieren), Seiso (Säubern), Seiketsu (Standardisieren) und Shitsuke (Selbstdisziplin). Die Digitalisierung versucht diese Methode zu perfektionieren, indem ein digitaler Zwilling der Umwelt (Maschinen, Menschen, Produkten) geschaffen wird und so jederzeit abrufbar ist, wo und in welchem Zustand sich der physische Zwilling befindet.

---

[223] Vgl. Machill/Freund (2017), S. 301f.

Dies hat den Vorteil, dass sich der Suchaufwand verringert, da Echtzeitdaten auf dem Computer verfügbar sind. Außerdem kann dem Arbeiter mitgeteilt werden, wo das jeweilige Werkzeugstück nach Verwendung niedergelegt werden soll. Dadurch ist es möglich, dass zukünftige Produktionspläne und der Aufbewahrungsort des Werkzeuges berücksichtigt werden. Demnach kann auch die Reinigung des Arbeitsplatzes bedarfsgerechter erfolgen.[224]

Beurteilung: Aufgrund der Schaffung eines digitalen Abbildes von Menschen, Maschinen und Produkten, wird es dem Arbeiter vereinfacht die benötigten Gegenstände zu finden und nach der Verwendung wieder an den jeweiligen Platz zurückzulegen. Hierdurch gelingt es, den Arbeitsplatz sortierter zu halten. Allerdings ist es fraglich, ob die Technologie es (jemals) schaffen wird, die Säuberung, Standardisierung oder auch Selbstdisziplin des Arbeiters zu übernehmen oder ihn dabei zu unterstützen. Denn das ist nach wie vor die Aufgabe des Arbeiters selbst. Die Tatsache, dass die Digitalisierung den Arbeiter nur bei einem kleinen Teil der Arbeitsplatzgestaltung unterstützen kann, lässt die Bewertung der Veränderung der Arbeitsplatzorganisation durch 5S mit **+** ausfallen.

4.6 Visual Management durch mobilen Informationszugriff optimieren

Schon bei der Entstehung des Lean Managements erkannte man, dass die visuelle Informationsvermittlung deutlich effektiver ist als die textbasierte Informationsvermittlung. Als Beispiel kann der Straßenverkehr dienen, wo eine zielgerichtete und eindeutige Informationsvermittlung notwendig ist und eine textbasierte Vermittlung nicht mehr die gewünschte Sicherheit leisten könnte. Dies lässt sich auch auf Unternehmen übertragen, um Fehlern im Produktionsprozess vorzubeugen.[225] In der Zukunft stehen für die visualisierte Darstellung von Daten und Informationen mobile Endgeräte, wie z.B. Smartphones, Tablets oder intelligente Datenbrillen (s. Abbildung 6) zur Nutzung bereit, die in der Produktionsanlage genutzt werden können.[226]

---

[224] Vgl. Kieviet (2016), S. 50.

[225] Vgl. Gorecki/Pautsch (2014), S. 133.

[226] Vgl. Mayer/Pantförder (2014), S. 481.

Abbildung 5: Beispiele für den mobilen Informationszugriff
Quelle: Gorecky/Schmitt/Loskyll (2014), S. 530

Diese sind mit einer Kamera augestattet und erweitern die „reale Welt" zudem mit Informationen zur Visualisierung auf dem Display, die über das WLAN abgerufen werden können. Dies können bspw. aktuelle Prozessdaten, Informationen aus der verschiedenen Datenquellen, Wartungs- oder Reperaturanlagen sein. Im Bereich der Instandhaltung kann diese Technologie hilfreich sein, da das Kamerabild an den Support des Betreibers der Anlage gesendet wird. Dieser kann den Arbeiter vor Ort gezielter unterstützen, da die Störung über das Kamerabild erfasst werden kann.[227] Eine andere Möglichkeit wäre, dass interaktive und virtuelle Handlungsanweisungen bereitgestellt werden, die das Personal bei der Instandhaltung unterstützen. Außerdem können Produktionsprozesse durch das Bereitstellen von Informationen, z.B. der Status eines CPS, überwacht werden.[228] Durch intelligente Datenbrillen kann dem Arbeiter angezeigt werden, welches Bauteil als nächstes verarbeitet werden muss. Schaut der Arbeiter auf die richtige Stelle, erscheint ein roter Pfeil, der sich um das entsprechende Bauteil dreht. Hat der Arbeiter die Anweisung korrekt durchgeführt, erscheint ein grüner Haken in den Brillengläsern, was ihm anzeigt, dass er die nächste Aufgabe durchführen kann. Die ersten Forschungen zu dieser Technologie haben ergeben, dass sowohl gelernte als auch ungelernte Arbeiter durch die intelligenten Datenbrillen ihre Aufgaben zwischen 30 und 40% schneller erledigen, dabei aber auch die Fehleranfälligkeit gesunken ist.[229] Neben den Vorteilen, die solche Technologien verbindet, entstehen aber auch Herausforderungen, die es zu lösen gilt. Die Zusammenfassung der Daten aus diversen

---

[227] Vgl. dsb., S. 487f.

[228] Vgl. Gorecky/Schmitt/Loskyll (2014), S. 529.

[229] Vgl. Hartbrich (2014), o.S. und Grass (2014), o.S.

Quellen führt zwar zu einer Informationsgewinnung, dennoch muss darauf geachtet werden, dass aus den vielen Daten die nutzbringendsten Informationen gewonnen werden und diese in geeigneter Darstellung abgebildet werden, um es für den Arbeiter transparent und nachvollziehbar zu gestalten. Außerdem müssen die Informationen kompatibel zu den unterschieden Displaygrößen (Monitor, Tablet, Smartphone) sein.[230]

Beurteilung: Die Analyse hat gezeigt, dass Smartphones, Tablets, Monitore oder auch intelligente Datenbrillen die Visualisierung optimieren und den Arbeiter entscheidend unterstützen. Dies zeigt unter anderem die Studie, in der festgestellt wurde, dass Aufgaben schneller erledigt werden können und gleichzeitig die Anzahl der Fehler verringert wurde. Demgegenüber stehen aber Herausforderungen wie Kompatibilität oder die Generierung von nutzbringenden Informationen. Es lässt sich festhalten, dass durch oben genannte Technologien die Philosophie des Lean Managements und dem Element der visuellen Darstellung entscheidend optimiert wird. Waren es damals Tafeln, Ampeln, Plakate etc., so sind es heute digitale Visualisierungen, um die unterschiedlichen Ziele zu erreichen. Durch diese Technologien, die auch in anderen Kapiteln erwähnt wurden, lässt sich neben der veränderten digitalen Darstellung feststellen, dass weniger Fehler geschehen und die Vermeidung von Verschwendung optimiert wird. Aus diesem Blickwinkel betrachtet, kann der Veränderung in diesem Fall eine Beurteilung von **++** vergeben werden.

---

[230] Vgl. Mayer/Pantförder (2014), S. 182.

5 Fazit und kritische Würdigung

Die vorliegende Bachelorarbeit hat versucht, die Frage zu beantworten, wie sich die Digitalisierung auf das Lean Management auswirkt und welche Veränderungen damit einhergehen. Dazu wurde eine theoretische Literaturanalyse mit anschließender Beurteilung der Veränderungen durchgeführt. Die Analyse und anschließende Beurteilung der Veränderungen haben verdeutlicht, welchen Einfluss die Digitalisierung auf das Lean Management hat. Die Ergebnisse der Analyse sind in der unten stehenden Tabelle 2 zusammengefasst dargestellt:

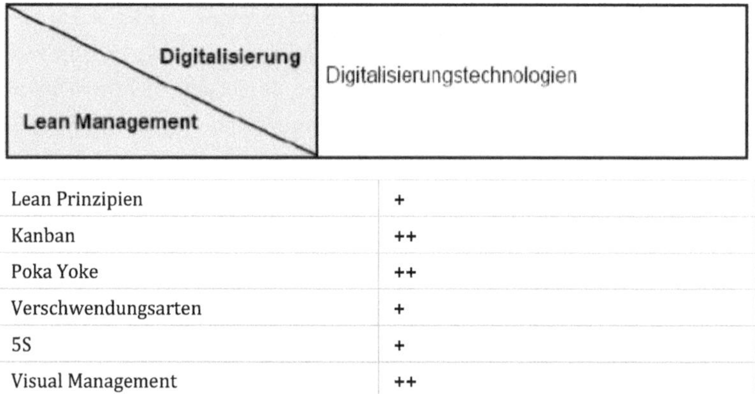

	Digitalisierungstechnologien
Lean Prinzipien	+
Kanban	++
Poka Yoke	++
Verschwendungsarten	+
5S	+
Visual Management	++

Tabelle 2: Zusammenfassung der Beurteilung des Lean Managements und der Digitalisierung
Quelle: Eigene Darstellung

Die Ergebnisse in Tabelle 2 verdeutlichen, dass bei allen untersuchten Lean-Prinzipien und Lean-Methoden bzw. Lean-Werkzeugen eine Veränderung festzustellen ist. Insgesamt wurden 6 Elemente des Lean Managements untersucht. Bei den Lean-Prinzipien, Verschwendungsarten und dem 5S kann eine leichte Veränderung und bei Kanban, Poka Yoke sowie dem Visual Management eine große Veränderung im Zuge der Digitalisierung festgestellt werden. Auffällig ist, dass keine Methode als neutral, sprich mit 0, bewertet wurde. Ein Grund hierfür ist, dass die 6 untersuchten Elemente in unterschiedlicher Art und Weise über die Digitalisierungstechnologien, wie z.B. Big Data, CPS, Internet der Dinge, intelligenten Behältern und Assistenzsystemen sowie Augmented Reality etc., beeinflusst werden. Neben den Vorteilen und Veränderungen, die diese Möglichkeiten mit sich bringen, konnte auch festgestellt werden, dass Herausforderungen entstehen können, die es von den Unternehmen zu bewältigen gilt. Sei es die IT-Sicherheit oder auch die

Kompatibilität der Technologien an das bestehende Produktionssystem. Der Mensch wird im Zuge der Digitalisierung auch weiterhin ein bedeutender Faktor bleiben. Einerseits wird er durch intelligente Lösungen unterstützt. Andererseits wird er eine neue Rolle einnehmen, indem neue Jobs entstehen. Er muss komplexe Entscheidungen selbst treffen, die die intelligenten Maschinen, Anlagen oder Assistenzsysteme nicht autonom treffen können.

Kritisch zu erwähnen ist, dass der Autor lediglich 6 Methoden und Werkzeuge des Lean Managements in Betracht gezogen hat. Dennoch stellen sie einen Überblick dar, wie vielfältig und bedeutend das Thema Digitalisierung ist, und dass es zahlreiche Möglichkeiten gibt auf das Lean Management einzuwirken.

Abschließend kann gesagt werden, dass die Digitalisierung das Lean Management schon zum jetzigen Zeitpunkt verändert hat und es auch in Zukunft durch neue Technologien tun wird. Technologien, wie z.B. Drohnen oder die weltweite Vernetzung von Anlagen und Maschinen (nicht nur unternehmensintern), werden in der Zukunft eine immer bedeutendere Rolle spielen. Die Möglichkeiten des Einflusses auf das Lean Management sind vielfältig und es scheint, als wenn es keine Grenzen gibt. Unternehmen sollten sich dieser Entwicklung daher nicht entziehen.

Literaturverzeichnis

Andelfinger, Volker P. und Hänisch, Till: (2015) Grundlagen. Das Internet der Dinge, in: Andelfinger, Volker P. und Hänisch, Till (Hrsg.): Internet der Dinge, Wiesbaden, S. 9-75.

Appenzeller, Sebastian und Köbler, Jürgen: (2015), Lean und ERP - Synergie oder Widerspruch: Ein neuer Ansatz zur Steigerung der Unternehmenseffizienz, in: Industrie-Management - Zeitschrift für industrielle Geschäftsprozesse, Offenburg, S. 61-65.

Arnold, Daniel u.a.: (2016), Herausforderungen der Digitalisierung für die Zukunft der Arbeitswelt, o.E. Quelle: http://ftp.zew.de/pub/zew-docs/policybrief/pb08-16.pdf, Zugriffsdatum: 02.02.2019.

Bauernhansl, Thomas: (2014), Die Vierte Industrielle Revolution – Der Weg in ein wertschaffendes Produktionsparadigma, in: Bauernhansl, T., ten Hompel, M. und Vogel-Heuser, B. (Hrsg.): Industrie 4.0 in Produktion, Automatisierung und Logistik, Wiesbaden, S. 5-35

Bendel, Oliver: (2018), Digitalisierung, o.E. Quelle: https://wirtschaftslexikon.gabler.de/definition/digitalisierung-54195/version-277247, Zugriffdatum: 02.02.2019.

Berg, Achim: (2018), Industrie 4.0 – Wo steht Deutschland?, Hannover. Quelle: https://www.bitkom.org/sites/default/files/pdf/Presse/Anhaenge-an-PIs/2018/Bitkom-Pressekonferenz-Industrie-40-23-04-2018-Praesentation-2.pdf, Zugriffsdatum: 02.02.2019.

Baun, Christian u.a.: (2010), Cloud Computing, Berlin.

Bertagnolli, Frank: (2018), Lean Management. Einführung und Vertiefung in die japanische Management-Philosophie, Wiesbaden.

Biebl, Jürgen: (2012), Wofür steht Cloud Computing eigentlich?, in: Wirtschinformatik & Management, 4, S. 22-29.

BITKOM: (2012), Big Data im Praxiseinsatz – Szenarien, Beispiele, Effekte, Berlin. Quelle: https://www.bitkom.org/sites/default/files/pdf/noindex/Publikationen/2012/Leitfaden/Leitfaden-Big-Data-im-Praxiseinsatz-Szenarien-Beispiele-Effekte/BITKOM-LF-big-data-2012-online1.pdf, Zugriffsdatum: 02.02.2019.

Brunner, Franz J.: (2017), Japanische Erfolgskonzepte. KAIZEN, KVP, Lean Production Management, Total Productive Maintenance, Shopfloor Management, Toyota Production System, GD3 – Lean Development, 4. Aufl., München.

Brecher, Christian: (2011), Integrative Produktionstechnik für Hochlohnländer, Berlin.

Brühl, Volker: (2015), Wirtschaft des 21. Jahrhunderts. Herausforderungen in der Hightech-Ökonomie, Wiesbaden.

Buchholz, M., Souren, R. und Gelbrich, K.: (2012), Theorie der Variantenvielfalt. Ein produktions- und absatzwirtschaftliches Erklärungsmodell, Wiesbaden.

Bundesministerium für Wirtschaft und Energie: (2015), Industrie 4.0 und Digitale Wirtschaft. Impulse für Wachstum, Beschäftigung und Innovation, Berlin. Quelle: https://www.bmwi.de/Redaktion/DE/Publikationen/Industrie/industrie-4-0-und-digitale-wirtschaft.pdf?__blob=publicationFile&v=3, Zugriffsdatum: 02.02.2019.

Buxmann, P., Hess, T. und Ruggaber, R.: (2009), Internet der Dienste, in: Wirtschaftsinformatik, 51, S. 393-395.

Bär, Reinhard und Purtschert, Philippe: (2014), Lean-Reporting. Optimierung der Effizienz im Berichtswesen, Wiesbaden.

Denger, Andrea u.a.: (2014) Organisationaler Wandel durch die Emergenz Cyber-Physikalischer-Systeme. Die Fallstudie AVL List GmbH, in: HMD Praxis der Wirtschaftsinformatik, 51, S. 827-837.

Dickmann, Philipp: (2009), Schlanker Materialfluss. Mit Lean Production, Kanban und Innovationen, 2. Aufl., Berlin.

Dombrowski, Uwe und Mielke, Tim: (2015), Einleitung und historische Entwicklung, in: Dombrowski, Uwe und Mielke, Tim (Hrsg.): Ganzheitliche Produktionssysteme, Berlin, S. 1-24.

Dombrowski, Uwe und Mielke, Tim: (2015), Gestaltungsprinzipien Ganzheitlicher Produktionssysteme, in: Dombrowski, Uwe und Mielke, Tim (Hrsg.): Ganzheitliche Produktionssysteme, Berlin, S. 25-169.

Ehrlich, Martin und Engel, Thomas: (2018), Technik und Teilhabe. Wer entscheidet in der digitalen Arbeitswelt, in: Dobischat, Rolf u.a. (Hrsg.): Bildung 2.1 für Arbeit 4.0, Wiesbaden, S. 201-219.

Erlach, Klaus: (2010), Wertstromdesign. Der Weg zur schlanken Fabrik, 2. Aufl. Berlin.

Forschungsunion und acatech: (2013), Umsetzungsempfehlungen für das Zukunftsprojekt Industrie 4.0, o.E. Quelle: https://www.bmbf.de/files/Umsetzungsempfehlungen_Industrie4_0.pdf, Zugriffsdatum: 02.02.2019.

Fraunhofer-Institut für Materialfluss und Logistik IML: (o.J.), LOGISTIK entdecken #9. Magazin des Fraunhofer-Instituts für Materialfluss und Logistik IML, Dortmund. Quelle: https://www.iml.fraunhofer.de/content/dam/iml/de/documents/OE%20983/Presse/Logistik%20entdecken/Logistik_entdecken_09.pdf, Zugriffsdatum: 02.02.2019.

Fraunhofer-Institut für Materiafluss und Logistik IML: (o.J.), Schwarmintelligenz für die Logistik – Zellulare Transportsysteme, o.E. Quelle: https://www.industrie40.iml.fraunhofer.de/de/ergebnisse/schwarmintelligenz.html, Zugriffsdatum: 02.02.2019.

Fraunhofer-Institut für Materiafluss und Logistik IML: (o.J.), Zellulare Transportsysteme – Shuttle-Systeme für den flexiblen Einsatz, o.E. Quelle: https://www.iml.fraunhofer.de/content/dam/iml/de/documents/OE%20140/Zellulare_Transportsysteme.pdf, Zugriffsdatum: 02.02.2019.

Fraunhofer-Institut für Optronik, Systemtechnik und Bildauswertung: (o.J.), Cyber-Physical System, zit. n. VDI GMA Fachausschuss 7.21 „Industrie 4.0" und VDI GMA Fachausschuss 7.20 „Cyber Physical Systems", o.E. Quelle: http://i40.iosb.fraunhofer.de/Cyber-Physical%20System, Zugriffsdatum: 02.02.2019,

Füser, Karsten: (2007) Modernes Management. Business Reengineering, Benchmarking, Wertorientiertes Management und viele andere Methoden, 4. Aufl., München.

Gorecki, Pawel und Pautsch, Peter: (2018), Lean Management, 5. Aufl., München.

Gorecki, Pawel und Pautsch, Peter: (2014), Praxisbuch Lean Management. Der Weg zur operativen Excellence, 2. Aufl., München.

Gorecky, D., Schmitt, M. und Loskyll, M.: (2014), Mensch-Maschine-Interaktion im Industrie 4.0-Zeitalter, in: Bauernhansl, T., ten Hompel, M. und Vogel-Heuser, B. (Hrsg.): Industrie 4.0 in Produktion, Automatisierung und Logistik, Wiesbaden, S. 525-524.

Grass, Karen: (2014), Zukunft der Arbeit. Hilfskraft + Datenbrille = Facharbeiter, o.E. Quelle: http://www.spiegel.de/karriere/datenbrillen-bei-der-arbeit-ersatz-fuer-facharbeiter-a-993221.html, Zugriffsdatum: 02.02.2019.

Grimm, Petra: (2016), Smarte schöne neue Welt? – Das Internet der Dinge, o.E. Quelle: https://www.bpb.de/gesellschaft/medien-und-sport/medienpolitik/236524/internet-der-dinge?p=0, Zugriffsdatum: 02.02.2019.

Groth, Uwe und Kammel, Andreas: (1994), Lean Management. Konzept – Kritische Analyse – Praktische Lösungsansätze, Wiesbaden.

Gudehus, Timm: (2006), Dynamische Disposition. Strategien zur optimalen Auftrags- und Bestandsdisposition; mit 7 Tabellen, 2. Aufl., Berlin.

Günthner, W., Klenk, E. und Tenerowicz-Wirth, P.: (2017), Adaptive Logistiksysteme als Wegbereiter der Industrie 4.0, in: Vogel-Heuser, B., Bauernhansel, T. und ten Hompel, M. (Hrsg.): Handbuch Industrie 4.0 Bd.4, 2. Aufl,, Berlin, S. 99-125

Günthner, Willibald und Wölfle, Michael: (2011), Papierlose Produktion und Logistik, Garching.

Hanschke, Inge: (2018), Digitalisierung und Industrie 4.0 – einfach und effektiv. Systematisch & lean die Digitale Transformation meistern, München.

Hartbrich, Iestyn: (2014), Datenbrille. Das Handbuch auf der Nase, o.E. Quelle: https://www.zeit.de/2014/36/datenbrille-service-reparatur/komplettansicht, Zugriffsdatum: 02.02.2019.

Hering, E., Geiger, G. und Kummer, R.: (2018), Kanban, in: Koether, Reinhard (Hrsg.): Taschenbuch der Logistik, 5. Aufl., München, S. 109-120.

Hermann, M., Pentek, T. und Otto, B.: (2015), Design Principles for Industrie 4.0 Scenarios: A Literature Review, o.E. Quelle: http://www.iim.mb.tu-dortmund.de/cms/de/forschung/Arbeitsberichte/Design-Principles-for-Industrie-4_0-Scenarios.pdf, Zugriffdatum: 02.02.2019.

Hesseler, Martin und Görtz, Marcus: (2014) Basiswissen ERP-Systeme. Auswahl, Einführung und Einsatz betriebswirtschaftlicher Standardsoftware, 3. Aufl., Dortmund.

Hippenmeyer, Heinrich: (2016), Automatische Identifikation für Industrie 4.0, Berlin.

Hoffmann, Franz Josef: (2016), iBin - Anthropomatik schafft revolutionäre Logistiklösungen, in: Vogel-Heuser, B., Bauernhansel, T. und ten Hompel, M. (Hrsg.): Handbuch Industrie 4.0, Berlin, S. 1-13.

Hofmann, Johann (Hrsg.): (2017), Die digitale Fabrik. Auf dem Weg zur digitalen Produktion, Berlin.

Horvath, Sabine: (2012), Internet der Dinge, Berlin. Quelle: https://www.bundestag.de/blob/192512/cfa9e76cdcf46f34a941298efa7e85c9/internet_der_dinge-data.pdf, Zugriffsdatum: 02.02.2019.

Jähnichen, Stefan: (2015), Von Big Data zu Smart Data – Herausforderungen für die Wirtschaft, in: Smart-Data-Begleitforschung (Hrsg.): Newsletter, Berlin, S. 1-2. Quelle: https://www.digitale-technologien.de/DT/Redaktion/DE/Downloads/Publikation/Smart-Data_NL1.pdf%3F_blob%3DpublicationFile%26v%3D5, Zugriffsdatum: 02.02.2019.

Jüngling, Thomas: (2013), Datenvolumen verdoppelt sich alle zwei Jahre, o.E. Quelle: https://www.welt.de/wirtschaft/webwelt/article118099520/Datenvolumen-verdoppelt-sich-alle-zwei-Jahre.html, Zugriffsdatum: 02.02.2019.

Kagermann, Henning: (2014), Industrie 4.0 und Smart Services, in: Brenner, Walter und Hess, Thomas (Hrsg.): Wirtschaftsinformatik in Wissenschaft und Praxis, Berlin, S. 243-248

Kagermann, Henning: (2017), Chancen von Industrie 4.0 nutzen, in: Vogel-Heuser, B., Bauernhansl, T. und ten Hompel, Michael (Hrsg.): Handbuch Industrie 4.0 Bd.4, Berlin, S. 237-248.

Kaufmann, Timothy: (2015), Geschäftsmodelle in Industrie 4.0 und dem Internet der Dinge. Der Weg vom Anspruch in die Wirklichkeit, Wiesbaden.

Kern, Christian: (2007), Anwendung von RFID-Systemen, 2. Aufl. Berlin.

Kieviet, André: (2016): Digitalisierung der Wertschöpfung. Auswirkung auf das Lean Management, in: Künzel, Hansjörg (Hrsg.): Erfolgsfaktor Lean Management 2.0, Berlin, S.41-59.

Kleinemeier, Michael: (2014), Von der Automatisierungspyramide zu Unternehmenssteuerungsnetzwerken, in: Bauernhansl, T., ten Hompel, M. und Vogel-Heuser, B. (Hrsg.): Industrie 4.0 in Produktion, Automatisierung und Logistik, Wiesbaden, S. 571-579.

Klevers, Thomas: (2009), Wertstrom-Mapping und Wertstrom-Design. Verschwedung erkennen – Wertschöpfung steigern, München.

Krüger, Wolfgang: (o.J.), Was bedeuten Digitalisierung und Industrie 4.0 für den Mittelstand?, in: Dreier, A., Merk, R. und Seel, B. (Hrsg.): Digitalisierung und Industrie 4.0 – Herausforderungen für den Mittelstand, Bielefeld. Quelle: https://www.fh-mittelstand.de/fileadmin/pdf/Schriftenreihe/Heft_8.pdf, Zugriffsdatum: 02.02.2019.

Leyh, Christian und Bley, Katja: (2016), Digitalisierung. Chance oder Risiko für den deutschen Mittelstand? – Eine Studie ausgewählter Unternehmen, in: HMD Praxis der Wirtschaftsinformatik, 53, S. 29-41.

Liker, Jeffrey K.: (2014), Der Toyota Weg. 14 Managementprinzipien des weltweit erfolgreichsten Automobilkonzerns, 9. Aufl., München.

Lindemann, Udo und Baumberger, Christoph: (2006), Individualisierte Produkte, in: Lindemann, U., Reichwald R. und Zäh, M.F. (Hrsg.): Individualisierte Produkte – Komplexität beherrschen in Entwicklung und Produktion, Berlin, S. 7-16.

Machill, Herbert und Freund, Marco: (2017), Indoor- und Outdoor-Inspektionsaufgaben aus der Luft im Rahmen von Industrie 4.0, in: Vogel-Heuser, B., Bauernhansl, T. und ten Hompel, M. (Hrsg.): Handbuch Industrie 4.0 Bd.3, Berlin, S. 301-309.

Markgraf, Daniel: (2018), Augmented Reality, o.E. Quelle: https://wirtschaftslexikon.gabler.de/definition/augmented-reality-53628/version-276701, Zugriffsdatum: 02.02.2019.

Mayer, Felix und Pantförder, Dorothea: (2014), Unterstützung des Menschen in Cyber-Physical-Production-Systems, in: Bauernhansl, T., ten Hompel, M. und Vogel-Heuser, B. (Hrsg.): Industrie 4.0 in Produktion, Automatisierung und Logistik, Wiesbaden, S. 481-491.

Meir-Huber, Maria: (2011), Cloud Computing. Praxisratgeber und Einstiegsstrategien, 2. Aufl., o.E.

Neumann, Gaby: (2006), Prozessführung mit intelligenten Logistikobjekten, in: Engelhardt-Nowitzki, Corinna und Lackner, Elsabeth (Hrsg.): Chargenverfolgung. Möglichkeiten, Grenzen und Anwendungsgebiete, Wiesbaden, S. 73-92.

o.A.: (2014), RFID-Technologie macht Kanban-Systeme leistungsfähiger. Besser funken als Karten lesen, o.E. Quelle: https://wirautomatisierer.industrie.de/messtechnik-sensorik/sensorik/besser-funken-als-karten-lesen/, Zugriffsdatum: 02.02.2019.

o.A.: (2016), OECD Social, Employment and Migration Working Papers, o.E., o.S.

Obermaier, Robert: (2016), Industrie 4.0 als unternehmerische Gestaltungsaufgabe. Strategische und operative Handlungsfelder für Industriebetriebe, in: Obermaier, Robert (Hrsg.): Industrie 4.0 als unternehmerische Gestaltungsaufgabe, Wiesbaden, S. 3-34

Otto, B., ten Hompel, M. und Wrobel, S.: (2018), Industrial Data Space. Referenzarchitektur für die Digitalisierung der Wirtschaft, in: Neugebauer, Reimund (Hrsg.): Digitalisierung. Schlüsseltechnologien für Wirtschaft und Gesellschaft, Berlin, S. 113-133.

Overmeyer, Ludger und Vogeler, Stefan: (2005), RFID. Grundlagen und Potenziale, in: Logistics Journal, S. 1-12.

Ōno, Taiichi u.a.: (2013), Das Toyota-Produktionssystem. Das Standardwerk zur Lean Production, 3. Aufl., Frankfurt am Main.

Roth, Armin: (2016), Einführung und Umsetzung von Industrie 4.0, Berlin.

Roy, D., Mittag, P. und Baumeister, M.: (o.J.), Industrie 4.0 – Einfluss der Digitalisierung auf die fünf Lean-Prinzipien - Schlank vs. Intelligent, o.E. Quelle: http://www.fabriksoftware.info/node/600, Zugriffsdatum: 02.02.2019.

Samulat, Peter: (2017), Die Digitalisierung der Welt. Wie das Industrielle Internet der Dinge aus Produkten Services macht, Wiesbaden.

Schmidt-Eisenlohr, Kai: (2007), Mit Piloten RFID in den Mittelstand einführe: Ein Erfahrungbericht, Weinheim. Quelle: https://pdfs.semanticscholar.org/81f9/e81fed2b78f47f57f6d6b145b85901e24330.pdf, Zugriffsdatum: 02.02.2019.

Seagate Technology: (2017), Studie von IDC und Seagate: Weltweite Daten-menge verzehnfacht sich bis 2025 auf 163 ZB, o.E. Quelle: https://www.seagate.com/de/de/news/news-archive/seagate-advises-global-business-leaders-and-entrepreneurs-pr-master/#, Zugriffsdatum: 02.02.2019.

Sendler, Ulrich: (2016), Einleitung, in: Sendler, Ulrich (Hrsg.): Industrie 4.0 grenzenlos, Berlin, S. 3-15.

Shingō, S., Raab, H.H. und Hesse, R. (Hrsg.): (1993), Das Erfolgsgeheimnis der Toyota-Produktion. Eine Studie über das Toyota-Produktionssystem – genannt die „Schlanke Produktion", 2. Aufl., Landsberg.

Siepmann, David und Graef, Norbert: (2016), Industrie 4.0 – Grundlagen und Gesamtzusammenhang, in: Roth, Armin (Hrsg.): Einführung und Umsetzung von Industrie 4.0, Berlin, S. 17-82.

Spath, Dieter: (2013), Produktionsarbeit der Zukunft – Industrie 4.0: [Studie], Stuttgart.

Spiegel: (2011), 1,8 Zettabyte. Studie prophezeit Datenberge und Bit-Seen, Berlin/Hamburg. Quelle: http://www.spiegel.de/netzwelt/web/1-8-zetta-byte-studie-prophezeit-datenberge-und-bit-seen-a-771075.html, Zugriffs-datum: 02.02.2019

Steinhoff, Christine: (2016), Industrie 4.0, Berlin. Quelle: https://www.bundes-tag.de/blob/474528/cae2bfac57f1bf797c8a6e13394b5e70/industrie-4-0-data.pdf, Zugriffsdatum: 02.02.2019.

Steven, Marion: (2019), Industrie 4.0. Grundlagen – Teilbereiche – Perspektiven, Stuttgart.

Steven, Marion und Klünder, Timo: (2018), Nachhaltigkeit schlanker Industrie 4.0-Netzwerke, in: Khare, A., Kessler, D. und Wirsam, J. (Hrsg.): Marktori-entiertes Produk- und Produktionsmanagement in digitalen Umwelten, Wiesbaden, S. 201-222.

Stoeff, Daniel und Schmeisser Wilhem: (2014), Lean Management, Konstanz.

Strategy& und PwC: (2014), Industrie 4.0. Chancen und Herausforderungen der vierten industriellen Revolution, o.E. Quelle: https://www.strateg-yand.pwc.com/media/file/Industrie-4-0.pdf, Zugriffsdatum: 02.02.2019.

Syska, Andreas: (2006), Produktionsmanagement, Wiesbaden.

Tautrim, Jörg: (2014), Lean Administration. Taschenbuch/Beraterleitfaden: Wesentliche Konzepte und Werkzeuge für mehr Effizienz in der Verwaltung, Berlin.

Teeuwen, Bert und Schaller, Christoph: (2015), 5S. Die Erfolgsmethode zur Arbeitsplatzorganisation, 3. Aufl., Herrieden.

Theden, Philipp und Colsman, Hubertus: (2013), Qualitätstechniken. Werkzeuge zur Problemlösung und ständigen Verbesserung, 5. Aufl., München.

VDI/VDE-Gesellschaft: (2013), Cyber-Physical Systems: Chancen und Nutzen aus Sicht der Automation, o.E. Quelle: https://www.vdi.de/uploads/media/Stellungnahme_Cyber-Physical_Systems.pdf, Zugriffsdatum: 02.02.2019.

Weber, Uwe u.a.: (2017), Umsetzung von Industrie 4.0 im eigenen Unternehmen, in: Manzei, C., Schleupner, L. und Heinze, R. (Hrsg.): Industrie 4.0 im internationalen Kontext. Kernkonzepte, Ergebnisse, Trends, 2. Aufl., Berlin, S. 268-274.

Weiner, N., Renner, T. und Kett, H.: (2010), Geschäftsmodelle im „Internet der Dienste". Trends und Entwicklungen auf dem deutschen IT-Markt, Stuttgart.

Wiegand, Bodo: (2018), Der Weg aus der Digitalisierungsfalle: Mit Lean Management erfolgreich in die Industrie 4.0, Wiesbaden.

Wildemann, Horst: (2008), Entwicklungslinien der Logistik, in: Nyhuis, Peter (Hrsg.): Beiträge zu einer Theorie der Logistik, Berlin, S. 19-41.

Wolter, Marc Ingo u.a.: (2015), Industrie 4.0 und die Folgen für Arbeitsmarkt und Wirtschaft, IAB-Forschungsbericht, No. 8/2015, Institut für Arbeitsmarkt- und Berufsforschung (IAB), Nürnberg. Quelle: http://hdl.handle.net/10419/126512, Zugriffsdatum: 02.02.2019.

Womack, James P. und Jones, Daniel T.: (2013), Lean Thinking. Ballast abwerfen, Unternehmensgewinn steigern, 3. Aufl., Frankfurt am Main.

Womack, J.P., Jones, D.T. und Ross, D.: (1994), Die zweite Revolution in der Autoindustrie. Konsequenzen aus der weltweiten Studie aus dem Massachusetts Institute of Technology, 8. Aufl., Frankfurt/Main.

Würth Industrie Service GmbH & Co. KG: (2011), Pressemitteilung. Immer einen Schritt voraus – Maximale Sicherheit in der C-Teile-Versorgung durch RFIDTechnologie, Bad Mergentheim. Quelle: https://www.intralogistik-bw.de//wordpress/wp-content/uploads/2014/08/Wuerth-Industrie_RFID-in-derC-Teile-Versorgung.pdf, Zugriffsdatum: 02.02.2019.

Würth Industrie Service GmbH & Co. KG: (o.J.), iBin – Der erste intelligente Kanban-Behälter, Bad Mergentheim. Quelle: https://www.wuerth-industrie.com/web/de/wuerthindustrie/cteile_management/kanban/kanban_steuerung/ibin_intelligenterbehaelter/ibin.php, Zugriffsdatum: 02.02.2019.

Würth Industrie Service GmbH & Co. KG: (o.J.), RFID-Kanban-Systeme für ihre individuellen C-Teile-Anforderungen, Bad Mergentheim. Quelle: https://www.wuerth-industrie.com/web/de/wuerthindustrie/cteile_management/kanban/rfid_kanban/rfid_systeme/rfidsysteme_individuell.php, Zugriffsdatum: 02.02.2019.

Zollondz, Hans-Dieter: (2013), Grundlagen Lean Management. Einführung in Geschichte, Begriffe, Systeme, Techniken sowie Gestaltungs- und Implementierungsansätze eines modernen Managementparadigmas, München.

Zsifkovits, Helmut E.: (2013), Logistik, Stuttgart.